W0177409

ESOTERISCHES
WISSEN

SAFI NIDIAYE, geboren 1951 in Freiburg,
Chanson-Sängerin, Liedermacherin
und Journalistin, beschäftigt sich seit neunzehn
Jahren intensiv mit spirituellen Themen.
Unter der Führung ihres Höheren Selbst gab
sie die Sicherheit des Angestelltendaseins als
Journalistin auf und begann den Weg in eine
ungewisse schriftstellerische Zukunft.
Seitdem vermittelt sie in Trance Botschaften
aus höheren Dimensionen des Bewußtseins,
leitet Seminare, lehrt Meditationstechniken
und singt und komponiert eigene Lieder.
Sie schrieb zahlreiche Bücher, darunter
den Bestseller »Liebe ist mehr als ein Gefühl«
(Heyne Taschenbuch 08/9641)

Safi Nidiaye

Den Weg des Herzens gehen

Eine Frau findet zu ihrer inneren Stimme

Originalausgabe

WILHELM HEYNE VERLAG
MÜNCHEN

HEYNE ESOTERISCHES WISSEN
Herausgegeben von Michael Görden
08/9682

Umwelthinweis:
Dieses Buch wurde auf chlor- und säurefreiem Papier gedruckt.

Copyright © 1996 by Wilhelm Heyne Verlag GmbH & Co. KG,
München
Printed in Germany 1996
Umschlaggestaltung und Illustration: Init, Bielefeld
Titelabbildung: Tony Stone Bilderwelten
Satz: ew print & medien service gmbh, Würzburg
Druck und Bindung: Pressedruck, Augsburg

ISBN 3-453-11469-8

Inhaltsverzeichnis

Vorwort	7
Einführung	9
Die Vorgeschichte	15
Erstes Kapitel: Anruf von oben	23
Zweites Kapitel: Der Hilferuf	31
Drittes Kapitel: Zeit der Saat	51
Viertes Kapitel: Die Prüfung	66
Sechstes Kapitel: Der Kampf um Befreiung	90
Siebtes Kapitel: Die Entdeckung des Mangels	114
Achtes Kapitel: Die dunkle Nacht	126
Neuntes Kapitel: Morgendämmerung	131
Zehntes Kapitel: Erntezeit	135
Elftes Kapitel: Die Erlösung	143
Zwölftes Kapitel: Die Realisation	146
Nachwort und Schlußbotschaft des Höheren Selbst	149

Vorwort

Dieses Buch enthält Botschaften, die ich aus einer höheren Dimension des Bewußtseins erhalten habe, jener Sphäre, die man allgemein das Höhere Selbst nennt. Dieses »Höhere Selbst« ist kein vom persönlichen Selbst getrenntes Wesen; es gibt nur ein Selbst. Aber das Bewußtsein dieses einen Selbst kann in einem individuellen, in Raum und Zeit lokalisierten Brennpunkt konzentriert und eingeschlossen sein; dann identifiziert es sich mit einer Person; oder es weiß um seine nichtlokalisierte, unbegrenzte Natur jenseits von Zeit und Raum – dann sprechen wir vom Höheren Selbst. Zwischen diesen beiden Polen des Bewußtseins kann eine mehr oder weniger deutliche Kommunikation stattfinden.

Botschaften des Höheren Selbst also bilden den Kern dieses Buches; begleitet werden sie von einer Schilderung jener Erlebnisse, welche diese Kommunikation mit den höheren Sphären in Gang gesetzt haben. Ich hätte gern auf diesen persönlichen Bericht verzichtet, denn er ist mir eigentlich zu intim, um ihn zu veröffentlichen, und zeigt mich überdies in einer Phase, in der meine menschliche Unzulänglichkeit in besonders jämmerlicher Weise zutagetrat.

Drei Gründe haben mich bewogen, ihn dennoch zu schreiben. Erstens: Wenn die erhabenen Botschaften des Höheren Selbst in jenem Kontext der Alltagsprobleme gelesen werden, in dem sie aufgetaucht sind, tritt ihre konkrete Anwendbarkeit klarer zutage. Zweitens: Indem ich die Probleme und Fragen schildere, auf die die Botschaften jeweils Antwort gaben, möchte ich sicherstellen, daß ihre Bedeutung richtig verstanden wird. Und drittens kann mein Bericht als Beispiel dienen. Er kann all jenen Hoffnung machen, die auf geistigen Pfaden wandeln und bei dem Versuch, ihre Erkenntnisse zu verwirklichen, über die Schwierigkeiten des Lebens und die Tücken des Charakters stolpern. Er zeigt, daß es möglich ist, als ganz normaler Mensch die Gesetze des auf die materielle Perspektive begrenzten kollektiven Denkens über Bord zu werfen und radikal geistigen Prinzipien zu folgen, ohne deshalb den Boden unter den Füßen zu verlieren. Er beweist, daß es mitten in den größten materiellen Schwierigkeiten möglich ist, den Weg zu gehen, den die innere Stimme weist, den Weg des Herzens; daß man es wagen kann, sich seine Träume zu erfüllen und genau das zu tun, was einem am Herzen liegt, auch wenn man keine Ahnung hat, wie man das finanzieren soll.

Denn die primäre Realität ist nicht die materielle, sondern die geistige. Die materielle Wirklichkeit ist eine Schöpfung, eine Art Projektion des Geistes, und zwar nicht des Geistes irgendeines fernen, getrennt von uns existierenden Schöpfergottes, sondern unseres eigenen Geistes, in dem die göttliche Schöpferkraft sich manifestiert.

Diese Erkenntnis habe ich versucht, in meinem Leben anzuwenden, und zwar in einem Bereich, in dem es ums Überleben geht: im Bereich Geld.

Einführung

»Sorgt nicht für euer Leben, was ihr essen und trinken werdet,
auch nicht für euren Leib, was ihr anziehen werdet ...
Seht die Lilien auf dem Felde, wie sie wachsen: Sie arbeiten
nicht, auch spinnen sie nicht. Ich sage euch, daß auch Salomo
in all seiner Herrlichkeit nicht bekleidet gewesen ist wie dersel-
ben eines. So denn Gott das Gras auf dem Felde so kleidet ...:
Sollte er das nicht vielmehr auch für euch tun, oh ihr Klein-
gläubigen?«

Jesus im Matthäus-Evangelium

Vor Jahren hörte ich von einem Mann, der keiner Arbeit nachging,
kein Geld besaß und dennoch gut lebte. Er bestritt seine Existenz allein von Gottvertrauen. Er hatte einst Medizin studiert und in seiner
Doktorarbeit in irgendeinem Zusammenhang Gott erwähnt, wes-
wegen die Arbeit abgelehnt wurde. Wer von Gott spricht, steht
nicht auf dem Boden der Tatsachen. »Ich werde euch zeigen, daß
Gott Realität ist«, sagte er, warf alles hin und schwor, nie wieder irgendeinem Broterwerb nachzugehen und sich allein von Gottvertrauen zu ernähren. Er hielt sich daran, und wundersamerweise
floß diesem Mann stets alles zu, was er brauchte oder ersehnte, und
zwar ohne daß er darum betteln mußte; sogar Fernreisetickets und
Zahnbehandlungen wurden ihm geschenkt.

Nicht Geld ist die Basis unserer Existenz, sondern Gott. Wer
oder was ist Gott? Kürzlich erhielt ich dazu folgende Inspiration:

Da ist nicht der große Oberbuchhalter,
der kleinlich über Soll und Haben wacht,
da ist die Mutter der Welt,
und sie lacht.

Was muß ein Kind geben, damit es an ihren Brüsten trinken
darf?
Muß es arbeiten? Muß es fleißig sein?
Muß es sich ordentlich benehmen?
Nichts davon –
es muß hungrig sein.

Daß das tatsächlich so ist, kann man nur mit dem Herzen begreifen. Dann kann man es wagen, den kollektiven Überzeugungen und den eigenen Ängsten zum Trotz mit seinem Leben genau das anzufangen, was man mit ihm anfangen würde, wenn man die Wahl hätte; in aller Freiheit genau das zu tun, worin man Freude und Erfüllung findet und dem Weg zu folgen, den das Herz einem weist. Im Herzen nämlich findet man den Willen Gottes: die Sehnsucht unseres unbegrenzten, ewigen Selbst, in Raum und Zeit und Fleisch und Blut das zu verwirklichen, was es nur in uns, durch uns und als »Wir« verwirklichen kann: unser einzigartiges Sein, Leben und Werk als Individuum. Da unser Selbst eins ist mit dem Selbst des Universums, ist die ganze Macht des Universums mit uns, wann immer wir mit gebündelter Kraft den Weg des Herzens gehen.

Am Anfang erscheint es wie ein großes Wagnis. Man schwimmt gegen den Strom, wenn man versucht, seiner inneren Stimme zu folgen und nicht der Stimme des Verstandes; man tappt im Dunkeln, und der einzige Wegweiser ist etwas, das man vage als Gefühl bezeichnen kann. Erst im nachhinein kann man jeweils feststellen, daß der Weg, den die innere Stimme wies, der richtige war. Jeder neue Schritt ist wiederum ein Wagnis, aber mit der Zeit wird die Zuversicht größer, die Sicherheit wächst, und am Ende weiß man, daß man auf diesem Weg überall und immer geführt, getragen und versorgt wird.

Mein Wagnis war besonders groß, denn es ging um Geld. Wie bedrohlich und auf Dauer erschöpfend Geldmangel sein kann, weiß man erst, wenn man ihn erlebt hat. Ich hatte das Angestelltendasein aufgegeben, und meine innere Stimme bestand hartnäckig darauf, daß ich mich Tätigkeiten widmen sollte, die teilweise überhaupt nicht, teilweise erst in ferner Zukunft mit Einnahmen verbunden sein würden, aber meine gesamte Zeit und Energie in Anspruch nahmen. Ich gehorchte, obwohl ich verschuldet war und große Angst hatte. Ständig hoffte ich auf Besserung meiner finanziellen Situation, so daß ich den Rücken frei haben würde, um endlich sorglos kreativ sein zu können. Tatsächlich besserte sich die Lage – aber erst, nachdem ich das Bewußtsein entwickelt hatte, den Rücken frei zu haben, obwohl kein Geld vorhanden war.

Nur so – und nicht andersherum konnte ich wahres Vertrauen entwickeln. Insgesamt dauerte es drei Jahre, bis dieses Vertrauen einen tragfähigen Grad erreicht hatte.

Das erste dieser Jahre war ein einziger Kampf, zäh und zermürbend; zugleich aber die Zeit der größten Lichtblicke, die Zeit, in der mich die Botschaften meines Höheren Selbst erreichten.

Ich kämpfte. Verbissen, verzweifelt. Ging der Kampf ums tägliche Brot oder ging er um Vertrauen? Um Geld oder um Gott? Tatsache ist, daß ich mich nach beidem sehnte. Konnte Miete und Telefon nicht bezahlen, wieder und wieder, und besaß meist nicht mehr als zehn bis zwanzig Mark, Konto gesperrt, Schulden haushoch.

Auf klares und ausdrückliches Anraten meiner inneren Führung kümmerte ich mich nicht um Geld. »Investiere deine ganze Liebe und Energie in die wesentlichen Dinge. Die wesentlichen Dinge sind die, die dir am Herzen liegen. Kümmere dich nicht um Geld. Sei radikal. Es gibt keinen anderen Weg für dich! Und es setzt Geld in Bewegung.« Ich war nicht radikal genug. Aber ich versuchte es. Tag für Tag kämpfte ich um Vertrauen. »Prüfe, ob die Wahrheit trägt ...«

Es ging um mehr als mich. Es ging auch darum, zu zeigen, daß es möglich ist – meinen Freunden, die, teils von mir angeregt, den gleichen Weg gingen (und mich überholten), und überhaupt: zu zeigen, daß es stimmt: daß wir allen Grund haben, zu vertrauen.

Wem vertrauen? Dem Leben. Gott. Sich selbst. Letztlich ist das alles dasselbe. Sich abkehren von der Logik des Verstandes und stattdessen der Logik des Herzens folgen – und den seltsamen, unwägbaren Weisungen der inneren Stimme, darauf vertrauend, daß sie es besser weiß.

Das war mein Kampf. Tag für Tag. Monat für Monat. In Altötting besuchte ich die Schwarze Madonna (ich bin aber nicht katholisch); sie (die Madonna? die innere Stimme? egal) sagte mir: Gott statt Geld. Ich begriff. Es war nicht moralisch zu verstehen, sondern eher technisch. Etwa so: Nicht Geld ist meine Versorgung, sondern Gott. Arbeite nicht für Geld, sondern für Gott. Wie Jesus sagte: »Kümmert euch zuallererst um das Reich Gottes, und solches alles wird euch zufallen« – Geld und was man sonst noch braucht.

Ich hatte verstanden. Aber ich wurde immer wieder abtrünnig. Kehrte reumütig zurück in die Schule des Vertrauens, vergaß wieder alles, hatte den Kopf voller Existenzsorgen. Ein bißchen Vertrauen war schon da. Immerhin gestand ich dem Gott in meinem Innern soviel Güte und Kapazität zu, daß er mir das Allernötigste gab, Brot und Seife und das Geld für die Miete (wenn auch manchmal recht spät).

Jedoch, die Krise wurde schlimmer. Der Herrgott hat mir viele Talente mitgegeben, aber zu dieser Zeit hatte ich Angst, sie in vollem Umfang zu nutzen, führte mich ihre Nutzung doch unweigerlich an die Öffentlichkeit. Ich saß aber auch gern mit einem Krimi und einer Wolldecke auf dem Sofa und mochte von der Welt nichts wissen.

Ich wollte, und ich wollte nicht. Ich zögerte. Alles zögerte. Mein Leben geriet ins Stocken. Alle Abflüsse in meiner Wohnung waren verstopft. Ich wurde fast handlungsunfähig, weil ich kein Geld hatte. Selbst Straßenbahnfahren kostet Geld, von Farbbändern und Schreibpapier ganz zu schweigen.

Mitten in dieser Krise geschah es, daß eines Tages eine innere Stimme zu mir sprach, die sich, ganz entgegen den Gewohnheiten innerer Stimmen, klar, laut, wunderbar fomuliert und erleuchtend ausdrückte und mich anwies, alles, was sie sagte, aufzuschreiben. So kam es zu den Botschaften, die in diesem Buch veröffentlicht sind.

Wann immer ich ein Problem habe, das ich durch normales Nachdenken oder Handeln nicht lösen kann, trage ich es dem Gott in meinem Innern vor. So auch in dieser Krisenzeit. Wieder und wieder geriet ich in Bedrängnis, saß verzweifelt, vorwurfsvoll oder wütend vor meinem Altar, fragte, bat um Hilfe, um Antwort, um Lösung. Ich erhielt erhabenste Auskünfte aus spürbar hohen Sphären, klar und konkret im geistigen Sinne, doch höchst unkonkret im materiellen. Aber ich folgte ihren Weisungen, jedenfalls solange ich an sie dachte (also längst nicht immer). Manchmal jedoch hatte ich es satt. Ich wollte keine Sprüche, sondern Ergebnisse. Die finanzielle Lage wurde unerträglich, die Botschaften immer erhebender. Dann war die Lage festgefahren, schien unlösbar, die Existenzkatastrophe stand ins Haus – und endlich, weil ich keine andere Wahl mehr hatte, gelang mir, den Weisungen der inneren Stimme radikal folgend, ein Durchbruch geistiger und materieller Art. Ein erster großer Erfolg, dem sich weitere anschlossen. Heute kann ich sagen: Ich habe die Lehre angewandt – und sie trägt. Nun kann ich sie besten Gewissens weiterreichen. Denn die Botschaften waren von vorneherein, das wurde mir bald klar, nicht nur für mich gedacht.

Das Ich, das in ihnen zu mir sprach, habe ich mit großem Anfangsbuchstaben geschrieben. Das soll Sie jedoch nicht dazu verleiten, zu glauben, daß dieses »Ich« jemand anders ist als Sie und ich. Und doch, Vorsicht: »Wisse, wo Du Gott sind und wo nicht«, sagt der Sufi-Mystiker Ibn'Arabi.

Der Weg, den die Botschaften weisen, ist denkbar einfach. Jeder Schritt, den Sie tatsächlich gehen auf diesem Weg, kann Ihnen Wunder bescheren. Aber erwarten Sie nicht von sich selbst, daß Sie nicht stolpern, nicht abtrünnig oder rückfällig werden oder alles in Zweifel ziehen. Seien Sie radikal. Aber erwarten Sie von sich keine Perfektion und keine Wunder. Die Wunder kommen vom anderen Ende.

Die Vorgeschichte

Rund zwei Jahre war es her, daß ich das Angestelltendasein als Journalistin mit hohem Posten und eben-
solchem Gehalt sorglos hinter mir gelassen hatte, zuversichtlich,
daß das Leben so erfolgreich weitergehen würde, wie es immer
verlaufen war, nur eben auf freiberuflicher Basis.

Aber es kam anders. Anstatt weiter Artikel, Berichte und Fernsehsendungen zu verfassen, wurde ich ein »Channel«, ein Kanal für
Informationen aus höheren Dimensionen des Bewußtseins, und zugleich entwickelte ich alle möglichen künstlerischen und spirituellen Talente, die im streßreichen Redakteursdasein nie Zeit gehabt
hatten, sich auszubreiten. All das war ungeheuer bereichernd für
mich, aber nicht für mein Bankkonto.

Viele Menschen befinden sich in einer ähnlichen Umbruchsitua-
tion. Das Alte ist abgeschlossen, das Neue noch unklar, und wovon
soll man inzwischen leben? Man sehnt sich nach einem Sponsor,
der einem den Lebensunterhalt finanziert, während man die Lehr-
zeit für die neue Aufgabe absolviert.

Ich hatte einen Sponsor, die ganze lange Zeit des Umbruchs
über, aber ich wußte das nicht. Es war mein eigenes inneres Selbst,
das im allerinnersten eins ist mit jeglichem Selbst und somit
Gebieter über alle Gelder und alle Bankkonten dieser und jeder
Welt.

Das war der Sponsor, der mich finanzierte. Ich aber machte es
ihm so schwer ich nur konnte; ich war voller Angst; ich sträubte

mich nach Kräften dagegen, mich auf den bodenlosen Boden des Gottvertrauens zu stellen.

Mein Gönner griff schließlich zur Feder – schob meine angststrotzenden Gedanken energisch zur Seite, befahl: »Schreib auf!« und begann, mir Botschaften zu diktieren, die mich von Angst, Zweifel, Schuldgefühlen und allerlei anderem kurierten, was mir im Wege stand. Jede einzelne war ein Passepartout; ein Schlüssel für mich in meiner speziellen Situation und zugleich für jeden in jeder Lage.

Dieser Lehrgang zog sich im Kern über ein Jahr hin, vom Sommer 1992 bis zum Sommer 1993, aber es gab Vorläufer und Nachzügler. Die Essenz der übermittelten Lehre stellt alles, was wir allgemein über die Welt und die Wirklichkeit denken, auf den Kopf.

Aber ich will nicht vorgreifen, sondern kurz die Vorgeschichte erzählen, ohne die man die geschilderten Vorgänge nicht verstehen wird.

In jungen Jahren trat ich als Sängerin in Lokalen und kleinen Theatern auf. Meine Stimme war schön, hatte jedoch zuviel Gesangsunterricht genossen, weshalb ich eines Tages für etliche Jahre das Singen aufgab. Es hat später viel Arbeit gekostet, meine natürliche Stimme wieder zutagezufördern; eine Arbeit, die indirekt zum Entstehen der Botschaften des vorliegenden Buches beitrug. Erstens weil ich dabei lernte, mich tief zu entspannen, unerläßliche Voraussetzung für den Zugang zu höheren Ebenen des Bewußtseins; und zweitens, weil ich durch die Arbeit mit der falschen und der wahren Stimme zugleich mit dem Unterschied zwischen dem falschen und dem wahren Selbst vertraut wurde.

Während meiner Zeit als Chanson- und Folkloresängerin hielt ich mich, da das eine relativ brotlose Kunst war, mit der Ausübung diverser Berufe über Wasser, bis mich das Schicksal in Gestalt einer befreundeten Chefredakteurin in die Redaktion einer Zeitschrift versetzte, wo ich lernte, Texte zu verfassen und zu bearbeiten; eine zweite wichtige Voraussetzung für das Zustandekommen dieses Buches und seiner Botschaften.

Die dritte war die Meditation. Zu dem Zeitpunkt, als die Ereignisse begannen, die ich schildern werde, meditierte ich seit rund zehn Jahren, hatte Schulung von verschiedenen geistigen Lehrern bekommen und gerade begonnen, Meditationstechniken zu lehren. So war mir das Vorhandensein höherer Ebenen des Seins und Bewußtseins bereits aus eigener Erfahrung vertraut.

Ich wurde also Redakteurin, dann Textchef bei jener Zeitschrift, später bei zwei anderen Blättern stellvertretende Chefredakteurin. Nach zehn Jahren stieg ich aus. Eigentlich in der Absicht, gemeinsam mit meiner ehemaligen Chefredakteurin mit neuen Projekten ähnlich weiterzuarbeiten wie bislang. Es folgten tatsächlich noch einige journalistische Arbeiten – Fernsehfilme, Artikel –, aber bald war klar zu erkennen, daß diese Phase hinter mir lag und etwas Neues beginnen sollte.

Als Broterwerb hatte ich zu diesem Zeitpunkt nur noch vereinzelte Ausläufer meiner journalistischen Tätigkeit sowie gelegentliche Vorschüsse für ein Buch. Meine ersten beiden Bücher waren schon erschienen, aber noch neu auf dem Markt und daher weit davon entfernt, eine Einnahmequelle zu sein. Weitere waren in Vorbereitung. Ferner hatte ich seit meinem Ausstieg aus dem Redakteursleben Dutzende von Liedern geschrieben und wieder begonnen, zu singen; an Konzerte, Platten und Gelderwerb war jedoch in dieser Phase noch lange nicht zu denken, dafür an viel, viel Arbeit. Daneben gab es auf spirituellem Sektor viel unentgeltliche Tätigkeit: Ich leitete eine Meditationsgruppe, betreute einzelne Schüler, und ich arbeitete als Channel-Medium. Mit Hilfe einer kleinen Gruppe lernbegieriger Freunde kanalisierte ich Informationen aus höheren Dimensionen des Bewußtseins. Wir erhielten auf diesem Wege nicht nur inspirierende und hilfreiche Belehrungen und Antworten auf unsere Fragen, sondern auch eine intensive Lebens- und

Sensitivitätsschulung. Später entstanden auf diesem Wege auch Bücher. Die Durchgaben entstammten jener Schicht des Bewußtseins, der auch Intuition entspringt.*

Eine der wichtigsten Kernlehren, die uns zuteil wurden, war die Botschaft von der »Wahrheit des Augenblicks«:

> *»Im Augenblick ist alles enthalten,*
> *was ihr im Augenblick benötigt.«*

Vorausgesetzt, man vertraut darauf und tut das, was der Wahrheit des Augenblicks entspricht.

Um das in einem perfekten Feld üben zu können, erfand ich das »Prinzip Freier Sonntag«. Ich hielt mir die Sonntage frei von Verpflichtungen, Verabredungen und Vorhaben. Wenn ich am Morgen eines solchen freien Tages aufwachte, lag das Leben vor mir wie ein unbekanntes Abenteuer. Bei Lust und Laune verließ ich das Haus, ohne zu wissen, wohin ich gehen oder fahren würde, und folgte Schritt für Schritt Eingebung und Gefühl.

An einem dieser Tage sprach zum ersten Mal meine innere Stimme klar erkennbar und in deutlichen Worten zu mir. An jenem Sonntag ging ich spazieren. Eine Straßenbahn hielt neben mir, und die innere Stimme befahl: »Steig ein!« Ich gehorchte. Eine Haltestellte später befahl sie mir, auszusteigen. Obwohl mir das unsinnig vorkam, tat ich es. Der inneren Stimme folgend, bog ich in eine kleine Straße ein und landete in einem Lokal, in dem ich zu meiner Überraschung einen Freund traf, nach dem ich seit Wochen gefahndet hatte (er war umgezogen, und ich wußte nicht wohin), weil ich dringend eine Auskunft von ihm brauchte!

---

* Normalerweise kennt man Intuition als etwas, was wie ein Blitz aus heiterem Himmel auftaucht, überraschend und unkontrollierbar. Menschen, die aufgrund von Begabung und/oder Ausbildung den Kontakt zu dieser Bewußtseinsebene herstellen und halten können, sind bei Bedarf in der Lage, Intuition als stetigen Informationsstrom zu kanalisieren. In einem kürzlich bei Ariston erschienen Buch schildere ich, wie man diese Kommunikation trainieren und intensivieren kann. Titel: ›Ihr höheres Selbst‹.

Ähnlich wundersam verlief der ganze Tag. Die innere Stimme führte mich unablässig, und bis zu meiner Heimkehr am späten Abend hatte sich eine ganze Kette bemerkenswerter Fügungen ereignet. Ich notierte im Geist: »Der Tag der Wunder.«

Von diesem Tag der Wunder bis zum Beginn der Botschaften der inneren Stimme, die ich hier wiedergebe, mögen ein bis zwei Jahre vergangen sein.

Während dieser Zeit – einer Zeit intensiver spiritueller Schulung, blühender Kreativität und ständiger Verliebtheit (alles Faktoren, die sich in neuen Liedern niederschlugen – wuchs, von mir zunächst nicht besonders beachtet, mein Schuldenberg. An Schulden war ich gewöhnt; da ich stets gut verdient hatte, waren sie nie ein Problem gewesen. Jetzt aber war das anders. Für Kreditabzahlung, Miete und dergleichen war ich gezwungen, an jedem ersten mehrere Tausender zu mobilisieren, während Einkünfte nur selten vorkamen.

Anfangs war ich guter Dinge, und meine Bank teilte meine Zuversicht in Bezug auf die glänzenden Zukunftspläne, die ich ihr präsentierte. Aber nach einer Weile trat sie in Streik. Mein Konto wurde gesperrt. Kein Geldabheben mehr, keine Abbuchungen, keine Schecks, keine Automatenkarte; die Bank gab mir nichts mehr her, wollte aber jeden Monat Geld von mir haben (Rückzahlung meines Ratenkredits). Die Schulden, die ich bislang für eine selbstverständliche Begleiterscheinung des Lebens gehalten hatte, waren plötzlich zum Problem, zum Hindernis, zum unüberwindlichen Berg der Schrecken geworden.

Ihre Gesamtsumme war so hoch und die monatlichen Raten so gepfeffert, daß nur ein Wunder mich retten konnte, wenn ich nicht ins Angestelltendasein zurückkehren wollte, und zwar auf einen Posten mit hohem Gehalt. Das aber hätte bedeutet, meine neuen Tätigkeiten aufzugeben, denn einen leitenden Posten kann man nicht nebenher betreiben.

Eine solche Rückkehr ins alte Leben kam aber nicht in Frage; so blieb nur die Flucht nach vorn. Die Katastrophe ignorieren und mich Hals über Kopf in meine künstlerischen, medialen und meditativen Aktivitäten stürzen, in der Hoffnung, daß sie sich irgendwann irgendwie in Bargeld niederschlagen würden und ich mich bis dahin über Wasser halten könnte. Vielleicht indem ich einen Teilzeitjob annahm?

Ich wandte mich mit dieser Frage an meine innere Führung, und sie antwortete mir wie folgt:

> *»Kümmere dich nicht um Geld;*
> *kümmere dich nur um die wesent-*
> *lichen Dinge. Die wesentlichen Din-*
> *ge sind Dinge, die dir am Herzen*
> *liegen. Tue nichts, absolut nichts*
> *des Geldes wegen. Aber tue alles,*
> *was dir am Herzen liegt, und tue es*
> *ganz. Wenn du radikal diesem*
> *Weg folgst, kommt Geld.«*

Eine haarsträubende Empfehlung angesicht meiner Lage. Woher sollte bei dieser Lebensweise das Geld kommen, das ich jeden Monat benötigte? Und doch leuchtete sie mir zutiefst ein. Was lag mir am Herzen? Die mediale und spirituelle Arbeit, meine Lieder, meine Bücher. Hin und wieder schrieb ich einen Artikel, aber nur, wenn ich ein Thema wählen konnte, das mir am Herzen lag. Das brachte ein wenig Taschengeld. Ansonsten mußte das Geld vom Himmel fallen.

Das tat es auch; aber der Himmel hatte seine eigene Vorstellung von Zahlungsterminen. Ihm schien es gleichgültig zu sein, daß ich mich Monat für Monat aufregte, eine Aufregung, die gegen Mitte des Monats begann (zehn Mark in der Tasche und keine Ahnung, wovon Miete und Kreditrate bezahlen), sich bis zum Monatsende bis zu einer mehr oder weniger erträglichen Form von Wahnsinn steigerte und nach Beginn des neuen Monats, wenn die Lage sich nicht verändert hatte und ich feststellte, daß ich dennoch am Leben, auf freiem Fuß und gut behaust war, abflaute, um dann langsam zu einer neuen Welle anzuschwellen, Monat für Monat, Jahr für Jahr.

Einmal brach ich aus. Ich nahm einen Teilzeitjob an, um wenigstens meine festen Kosten gesichert zu wissen. Drei Monate dauerte es, bis ich erkannte, daß ich auf dem Holzweg war. Der Job verschlang mit Fahrt und Pausen fast den ganzen Tag, ich verfiel in hektischen, schlechtgelaunten Geisteszustand und meine gesundheitliche Verfassung litt.

Die Geldsorgen wurde ich ich dabei nicht los, denn das Gehalt reichte nicht zum Leben; meine eigentliche Arbeit aber blieb liegen. Ich kündigte und stürzte mich erneut ins Meer der finanziellen Ungewißheit.

Ich begann, mich intensiv mit den Zusammenhängen zwischen materieller und geistiger Realität auseinanderzusetzen. Ich wußte bereits, daß die äußere Realität nur eine Projektion der inneren ist; aber ich war noch nicht in der Lage, diese Erkenntnis in schöpferischer Weise zur Lösung meiner Probleme umzusetzen.

Ich kontemplierte das Phänomen »Schulden«. Ich entdeckte Zusammenhänge zwischen finanzieller Schuld und Schuld im moralischen Sinne und spürte diesen in meinem Innern nach.

Meine Arbeit ging währenddessen gut voran; ich arbeitete an meinem dritten Sachbuch, schrieb mein erstes Märchen samt zehn dazugehörigen Kinderliedern, und ein Produzent und Arrangeur hatte sich meiner übrigen Lieder angenommen. Nur leider verschlang die allmonatliche Aufregung um die fälligen Zahlungen und das ständige Grübeln, wovon ich leben sollte, ein Großteil meiner Zeit und meiner Kraft. Ich folgte zwar dem von meiner inneren Führung vorgezeichneten Weg (»Widme dich nur dem, was dir am Herzen liegt«), nicht aber der Zusatzempfehlung »Sei radikal«. Ich war voller Angst, und deshalb war ich zaghaft.

Das war die Situation im Juli 1992.

Und hier beginnen meine Tagebuchnotizen. Sie sind in der Gegenwartsform niedergeschrieben. Alles, was ich später im Rückblick hinzugefügt habe, habe ich in die Vergangenheitsform gesetzt.

Erstes Kapitel

*Anruf von oben. Wie die innere Stimme sich zum ersten Mal
meldet und ich aufschreibe, was sie sagt*

Anfang Juli. Ich muß eine Entscheidung treffen. Vor einiger Zeit habe ich einen Produzenten und Arrangeur für meine Lieder gefunden. Er ist begabt, begeistert und sieht große Möglichkeiten. Nur leider jagt er mir Angst ein. Die meisten meiner Lieder sind religiösen Inhalts; starker Tobak seiner Meinung nach; man müsse stark sein, um dazu stehen zu können. Überdies sei die Musikbranche von gnadenloser Härte. Ob ich wisse, worauf ich mich einlasse? Solcherart entmutigt er mich, während er mich gleichzeitig zu sängerischen Höchstleistungen anspornt. Mein Hals verkrampft sich, das Singen wird anstrengend, macht keinen Spaß mehr.

Er bringt natürlich nur die Angst zum Vorschein, die bereits in mir vorhanden ist, meine Angst vor der Öffentlichkeit, davor, mich »stellen« zu müssen. Insofern tut er mir einen Gefallen. Trotzdem: Ich habe keine Lust mehr, mit ihm zu arbeiten. Ich möchte kündigen. Aber was dann?

Ich begebe mich an meinen Hausaltar, um das Problem höheren Ortes vorzutragen. Bevor ich mich zu Gebet und Meditation hinsetze, rufe ich die Hilfe aller Meister und Heiligen an, die mir gerade einfallen, und dabei geschieht etwas Seltsames. Aus der Anrufung wird auf merkwürdige Weise Wirklichkeit; plötzlich denke ich nicht mehr nur an den jeweiligen Meister oder Heiligen, sondern werde eins mit ihm (oder ihr); ich sehe mich eigenartige Verbeugungen ausführen, verneige mich vor den Himmelsrichtungen, den Pflanzen und Bildern in meinem Zimmer, ja ich begrüße sogar die Gegenstände, von Ehrfurcht erfüllt, aufs Feierlichste.

Dann setze ich mich hin, um zu meditieren. Zuvor stelle ich die Frage, die mich so stark beschäftigt: Soll ich mit diesem Produzenten weiterarbeiten oder die Zusammenarbeit abbrechen?

Ich entspanne mich und lasse das Problem aus meinem Bewußtsein verschwinden. Alles ist Andacht und Stille geworden. Nach einer Weile vernehme ich in meinem Kopf einen Befehl: »Schreib auf!« Ich wische ihn weg wie einen lästigen Gedanken, aber er kommt wieder. Beim dritten Mal gehorche ich schließlich. Ich nehme Papier und Stift und notiere, was die Stimme in meinem Innern mir diktiert:

> *So und nicht anders sollst du beten.*
> *Voller Achtung und Achtsamkeit*
> *und von der Stille ergriffen*
> *sollst du auch beten, wenn du singst.*
> *Und so sollst du Schritt für Schritt gehen,*
> *jeden Schritt in Achtung und Achtsamkeit,*
> *wissend um die Gegenwart der Meister und*
> *Engel,*
> *geborgen in ihrem Licht.*
> ***Schritt für Schritt für Schritt***
> ***nicht mehr,***
> ***aber auch nicht weniger.***

Ich bin erstaunt und bestürzt, betroffen von der Schönheit und Klarheit dieser Botschaft. In diesem »Schritt für Schritt für Schritt« steckt eine Antwort nicht nur auf die Frage, die ich gestellt hatte, sondern auf viele Fragen. Trotzdem: Ob ich vielleicht einen konkreteren Hinweis bekommen kann? Kündigen oder weiter zusammenarbeiten? Ich wäre froh. »Schreib auf«, befiehlt die innere Stimme. Ich schreibe:

Höre sofort auf, über diese Frage nachzudenken,
wende dich anderen Dingen zu,
aber:
Bleibe voller Achtsamkeit
bei allem, was geschieht –
Achtung und Achtsamkeit.

Das erhoffte »Ja« oder »Nein« bleibt aus. Die Botschaft ist klar: Anstatt über diese grundsätzliche Frage nachzudenken, soll ich das tun, was gerade zu tun ist, Schritt für Schritt, mit ganzer Aufmerksamkeit. Der jeweilige Augenblick wird mir zeigen, wo's langgeht.

Nach dieser Botschaft bleibt es still. Der friedvolle Zustand und der Draht nach oben bleiben weiter bestehen. Nach einer Weile nutze ich diese Tatsache, um Aufschluß über ein weiteres Problem zu erbitten. Seit einiger Zeit leide ich beim Singen unter einem Gefühl von ›zugeschnürtem Hals‹. Ich habe oft versucht, das Zugeschnürte zu öffnen, aber meist ohne Erfolg. »Heilung«, schaltet sich die innere Stimme an diesem Punkt der Überlegung in meine Gedanken ein, »besteht nicht in der Öffnung des Zugeschnürten! Im Gegenteil, du mußt dich in den zugeschnürten Bereich zurückziehen und ihn noch weiter zuschnüren.« Augenblicklich befolge ich diesen Rat und ziehe mich tief in meinen Hals zurück. Es ist angenehm, diesem Hang nachgeben zu dürfen, anstatt dagegenzuarbeiten. Nachdem ich das einige Atemzüge lang getan habe, fühle ich, daß ich ganz im Innern angekommen bin. Und plötzlich weitet sich der Halsinnenraum in meiner Wahrnehmung zu einer gewaltigen Halle, der in herrlichem Smaragdgrün leuchtet. Der Gedanke taucht auf, daß das die ›Smaragdburg‹ ist.

In der Mitte der Halle entdecke ich ein Pult, auf dem ein riesiges Buch liegt. Ich schlage es auf. Auf den ersten Seiten finde ich alle meine Namen aufgezeichnet. Ich blättere um und versuche zu lesen, was auf der nächsten Seite geschrieben steht. Es entzieht sich mir. »Sieh genau hin!« sagt die Stimme. Buchstabe für Buchstabe lese ich:

> **Nur bei Mir**
> **Findest du Rat.**

Ich weiß sofort, wer gemeint ist: Mein eigenes Selbst, beziehungsweise meine innere Führung. Die Vision verblaßt. Eine neue Botschaft taucht auf, die den Spruch aus dem großen Buch ergänzt und erläutert:

> *Ständig rufe ich dich.*
> *Komm zu Mir!*
> *Nur bei Mir ist Schutz*
> *und Heilung.*
> *Höre auf Mich!*
> *Ich rufe dich, wenn es Zeit ist, zu gehen,*
> *wenn es Zeit ist, den Film abzuschalten,*
> *das Gespräch abzubrechen,*
> *dich zu verabschieden.*
> *Höre auf Mich!*

Ich versinke in Stille. Als ich nach einer langen Weile wieder daraus hervorkomme, fallen mir meine kranken Zähne ein. Ich bitte um Heilung. Sogleich stellt sich vor meinem inneren Auge ein schönes blaues Licht ein. Ich weiß, daß ich es nur auf meine kranken Zähne zu richten brauche, um sie zu heilen. Aber ich bin ein bißchen ungeduldig, weil hungrig. Wieder muß ich den Stift nehmen:

> *Du bist in Eile.*
> *Immer, wenn du an Zeit denkst,*
> *tust du nichts.*

Laß es bleiben und iß.
Komm später.

Also gut. Die Zähne werden auf später vertagt. Bevor ich aufstehe, möchte ich aber unbedingt noch wissen, wer zu mir gesprochen hat.Ich hätte gern eine Bezeichnung, ein Siegel, eine zuverlässige Aussage. Ob es mein Engel ist? Der Geist der Führung? Mein Höheres Selbst? Oder einfach meine Fantasie? Aber wer soll mir das sagen? Als was auch immer diese innere Stimme sich identifiziert: Immer bin ich es ja selbst, die diese Geldanken empfängt oder denkt. Und kann ich mir trauen? So bitte ich um ein überzeugendes Zeichen, etwas, das mir beweist, daß die Botschaften einem höheren als meinem persönlichen Bewußtsein entstammen. Licht taucht auf, das ich sehen und fühlen kann. Es ist mir zu vage. Ich wünsche mir etwas Greifbares. Da verschwindet mit einem Schlag der würgende Schmerz in meinem Hals.

Ich esse also eine Kleinigkeit und kehre an meinen Meditationsplatz zurück, in der Absicht, dem Ereignis einen würdigen Abschluß zu geben. Zu diesem Zweck ziehe ich eine Karte aus meinem Tarotspiel. Sie heißt »Auferstehung von den Toten«. Bevor ich noch den Kommentar lesen kann, meldet sich die innere Stimme zu Wort: »Der Titel genügt: ›Auferstehung‹. Du erhebst dich aus dem Sarg. Der Sarg ist das Gebundensein an den Körper, an die Gesetze der Menschenwelt. Erhebe dich daraus! Du bist ein Kind Gottes.« Darauf höre ich mich laut sagen: »Ja, ich will!« Im selben Augenblick kehrt der würgende Halsschmerz zurück. Was ist passiert? »Schreib auf«, sagt die innere Stimme. Ich schreibe:

Wir schicken dich nicht in die Welt,
wir schicken dich zu Gott.
Gott geht in die Welt –
du gehst zu Gott.

27

Ich verstehe, was geschehen ist. Mit meinem spontanen Ausruf »Ja, ich will!«, der aus tiefstem Innern kam, traten zugleich meine Ängste auf den Plan. »Ich will«, so interpretierte mein Unterbewußtsein, bedeutet, all diese furchterregenden Dinge tun zu müssen: an die Öffentlichkeit treten, mich der Welt stellen und so fort. Da zieht sich natürlich der Hals gleich wieder zu.

Als ich diese Zusammenhänge begriffen habe, wird der tröstende Spruch in ähnlicher Weise wiederholt:

Nicht du gehst in die Welt,
sondern Gott.
Du gehst zu Gott.

Da verschwindet meine Angst, und mit ihr der Halsschmerz.

Ich bleibe noch eine Weile sitzen. Am Schluß meiner Meditation höre ich in meinem Innern die Worte:

Verstehe! Erwache!

Das würde ich ja gern. »So weck mich doch!« sage ich. Im selben Moment erscheint die Antwort:

Wir dürfen nicht wecken.
Wir dürfen nur bitten.
Erwache!

Damit endet es. Nun besinne ich mich auf mein Entscheidungsproblem, die Frage, mit der alles angefangen hat. Zwar habe ich eine wichtige Empfehlung bekommen und könnte mich mit ihr begnügen: »Schritt für Schritt für Schritt, nicht mehr, aber auch nicht weniger.« Ich weiß, dieser Satz könnte mich aller Fragen entheben. Trotzdem bohre ich weiter: Was soll ich tun?

Diesmal habe ich Glück, die innere Stimme antwortet konkreter.

Tritt ins Nichts!
Wir führen dich zu Reinerem.

Gleich am nächsten Tag kündige ich die Zusammenarbeit und »trete ins Nichts«.

Wenige Wochen später schloß sich mir eine Gruppe hervorragender Musiker an, und wir machten uns gemeinsam daran, meine Lieder zu arrangieren. Ich war glücklich, daß die Vorhersage so schnell eingetroffen war.

Was »Wir führen dich zu Reinerem« tatsächlich bedeutete, verstand ich allerdings erst wesentlich später. Nach zwei weiteren Versuchen mit anderen Musikern und vielen inneren und äußeren Klärungsarbeiten fand ich zu Mitspielern, mit denen ich mich langsam und behutsam in das vortastete, was man als Reinheit im musikalischen, spirituellen und zwischenmenschlichen Sinn bezeichnen kann.

Dies war die erste einer Serie von Durchgaben, die von leuchtender Klarheit und seltsamer Kompaktheit waren und sich stark unterschieden von den wesentlich wortreicheren, wärmeren, oft humorvollen Botschaften aus der Sphäre des Höheren Selbst, die ich zu kanalisieren gewohnt war und bin. Auch die Art des Zustandekommens war neu: Ich war allein, ohne das schützende Kraftfeld einer Gemeinschaft; die Fragen hatte nicht, wie sonst, jemand anders gestellt, sondern ich selber; und ich befand mich nicht im Zustand leichter Trance, sondern in einer Art erhöhter Bewußtheit, wie sie zuweilen in konzentrierter Meditation auftritt.

Nach dieser ersten Botschaft schwankte ich zwischen Begeisterung und Selbstzweifel. Auf der einen Seite spürte ich deutlich, daß die Worte von einer sehr hohen Ebene des Bewußtseins stammten;

auf der anderen Seite erhob sich die Stimme des Zweifels und fragte, ob ich nicht vielleicht auf ein Phantasiespiel hereingefallen war, das Fraktionen meines persönlichen Bewußtseins miteinander spielten. Aber ich brauchte nur die Worte zu lesen und mich an die hohe Stimmung, die ihr Auftauchen begleitet hatte, zu erinnern, um ihrer Herkunft aus höheren Sphären wieder sicher zu sein.

Ich hütete sie wie einen geheimen Schatz.

Zweites Kapitel

Der Hilferuf. Wie ich das Einschreiten einer höheren Macht anfordere, um mein Leben in Ordnung zu bringen

Mitte Juli. Ein unangenehmes Gespräch steht mir bevor. Ich muß etwas ablehnen, und das fällt mir schwer. Ich erwische mich ständig dabei, wie ich in Gedanken für meinen Gesprächspartner allerlei Entschädigungen erfinde, die ihm mein »Nein« versüßen sollen.

Mit diesem Problem im Kopf begebe ich mich zur Meditation. Fast sofort meldet sich wieder der Gedanke »Schreib auf!«. Ich nehme Papier und Stift und notiere:

> **Handle nicht aus Angst,**
> **handle aus Gott.**

Das schlägt ein wie ein Blitz. Erleichterung breitet sich aus. Ich weiß, was ich zu tun habe: Ich gehe in mich und prüfe, ob meine geplante Absage meinem tiefinnersten Gefühl von Richtigkeit entspricht, so daß ich »aus Gott handeln« kann. Das tut sie. Voller Freude bedanke ich mich für die Botschaft. Mein Dank wird augenblicklich beantwortet:

> **Danke nicht.**
> **Dein Dank sei Leben.**

Ich danke also, indem ich den Rat befolge. Ich sage »nein« ohne Umschweife und Umschreibungen, und siehe: Es gibt überhaupt kein Problem, das Gespräch endet in Freundschaft und Frieden.

Und davor habe ich nun solche Angst gehabt!

Ende Juli. Ein paar Tage später begann der eigentliche Lehrgang. Vordergründig ging es um Geld, tatsächlich aber um die Grundbedingungen der Existenz überhaupt. Die innere Stimme begann mich zu lehren, daß es die Welt im Sinne einer von mir getrennten, äußeren Realität nicht gibt und daß die »Gesetze der Welt«, sprich die kollektiven Überzeugungen der Menschheit, nur insoweit gültig sind, als man an sie glaubt. Nun sprach nur noch selten ein »Wir« zu mir (Wesen, wie ich es verstanden hatte« aus höheren Dimensionen, Engelwesen), dafür ein »Ich«: mein hohes Selbst, das, wie es mich lehrte, eins ist mit dem Höheren Selbst aller Wesen.

Der Juli geht dem Ende zu. Wieder einmal: Wovon die Miete bezahlen? Und wovon die Kreditrate? Und all die anderen Posten? Irgendwie ist es bisher immer gegangen. Aber wie! Man braucht (und verbraucht) eine Menge Nerven, wenn man sich allmonatlich darauf verlassen soll, daß ein Wunder geschieht.

Heute nagt der Zweifel mehr als sonst an meiner Zuversicht. Bin ich überhaupt noch auf dem richtigen Weg? Immerhin ist es ja schon ziemlich lange her, daß ich die Empfehlung erhielt, nicht an Geld zu denken, sondern mich ausschließlich um die Dinge zu kümmern, die mir am Herzen liegen. Vielleicht gilt das heute nicht mehr? Vielleicht hätte ich schon längst auf einen anderen Zug aufspringen sollen? Und abgesehen davon: Kann das, was gegen alle Vernunft ist, überhaupt richtig sein? Was, wenn der Rat »Kümmere dich nicht um Geld, sondern nur um die wesentlichen Dinge« meiner Fantasie, meinem Wunschdenken entsprungen ist? Und mit welchem Recht kann ich andauernd Wunder erwarten? Gehen nicht andere Leute zur Arbeit und plagen sich mit Tätigkeiten, die ihnen keineswegs am Herzen liegen? Wäre es nicht besser, ich täte es ihnen gleich?

Solcherart brüte ich über meinen Zweifeln. Schließlich setze ich mich an meinen Meditationsplatz, beruhige meinen Kopf, entspanne mich, atme, werde still. Papier und Stift habe ich hoffnungsvoll bereitgelegt. Vielleicht gibt es ja wieder etwas zu notieren.

Tatsächlich: Eine neue Botschaft will aufgeschrieben werden.

> **Wisse Mich hinter dir**
> **in all deinen Handlungen!**
> **Ich bin nur hinter dir,**
> **wenn du eins bist.**
> *Wenn du A denkst,*
> *B fühlst*
> *und C tust,*
> *wo soll Ich hinter dir sein?*
> *Sei eins und wisse Mich hinter dir.*
> **Und sei nicht zaghaft!**
> **Setze mir keine Grenzen!**

Oh ja. Die ganze Macht des Universums steht hinter mir, wenn ich eins bin. In diesem Augenblick weiß ich, fühle ich es. Wie uneins bin ich gewesen! Und wie zaghaft! Und wie eng sind die Grenzen, die ich dem Gott in meinem Innern gesetzt habe!

»Setze Mir keine Grenzen!« Natürlich begriff ich das sofort. Nicht zuletzt deshalb, weil ich mich im Augenblick dieser Durchgabe in einem Zustand erhöhten Bewußtseins befand. Denn tatsächlich kamen diese Botschaften nicht einfach so zustande, daß ich auf medialem Wege Worte empfing, die aus dem nichts auftauchten, sondern während sich diese Worte formierten, *wußte* ich. Danach sackte ich in den alltäglichen Bewußtseinszustand zurück. Der erleuchtete Moment war vorbei. Was blieb, waren die Worte. In ihrer einfachen, prägnanten und zugleich erhabenen Art bescherten sie mir jedoch auch später immer wieder kleine Aha's, ein kurzes Aufflackern des ursprünglichen Lichtes. Außerdem enthüllten sie im Laufe der Zeit immer neue Ebenen von Bedeutungen.

Nun aber ging es um das Realisieren. Damals dachte ich nach jeder Botschaft: »Ja, natürlich. So einfach ist das! Jetzt hab ich's!« Und frohlockte und ging an mein Tagwerk in der Gewißheit, daß von Stund' an alles anders würde.

Aber so war es nicht. Die Realisierung solcher hohen Erkenntnisse im täglichen Leben ist ein Prozeß, der viel Zeit braucht. Denkgewohnheiten, Verhaltensmuster und psychische Verspannungen verlangsamen den Prozeß und bringen ihn immer wieder zum Stocken.

Zunächst einmal aber war ich gestärkt und voller Zuversicht. »Wisse Mich hinter dir in all deinen Handlungen! Sei nicht zaghaft! Setze Mir keine Grenzen!«

Tags darauf gehe ich im Schloßpark spazieren. Ich ziehe die Schuhe aus, um barfuß über eine frischgemähte Wiese zu laufen. Ich habe eine ebenso kindliche wie wirksame Angewohnheit, die mir seit vielen Jahren geholfen hat, unbeschadet barfuß zu gehen: Ich spreche ein kleines Schutzgebet für meine Füße, damit sie weder verletzt werden noch irgendein Kleintier verletzen. Das tue ich auch heute: Nachdem ich Schuhe und Strümpfe ausgezogen habe, spreche ich meinen Zauberspruch – und verspüre unmittelbar darauf einen stechenden Schmerz im Fuß. Eine Wespe hat mich in die Fußsohle gestochen. Der Fuß schwillt an und ist wie gelähmt. Im Schloßpark gibt es keine Taxis, und der Weg nach Hause dauert schon ohne Wespenstich eine halbe Stunde. Ich bin ungeheuer wütend, und zwar nicht auf die Wespe, sondern auf Gott. Habe ich ihn nicht gebeten, meine Füße zu beschützen? Der Wespenstich erscheint mir wie eine höhnische Antwort auf meine Bitte. Auf dem langen, schmerzvollen Heimweg schwillt meine Wut ins Unermeßliche.

Während ich fluchend nach Hause humple, klopft wieder und wieder in meinem Hirn eine kleine Erinnerung an, die vorsprechen möchte. Ich lasse sie nicht. Erst viel später, als ich mich beruhigt habe, hole ich sie hervor. Ich erinnere mich: Während ich mein Fußschutzgebet sprach, habe ich gleichzeitig, sozusagen darunter, gedacht, ich dürfe doch den großen Gott nicht wegen solch einer Kleinigkeit belästigen.

Da haben wir's. Ich bin nicht eins gewesen! Ich war zaghaft! Ich habe mein Gebet selbst sabotiert.

Vorerst aber will ich von dieser Einsicht nichts wissen und auch nichts von der Durchgabe, die ich gestern erhalten habe. Die Schmerz- und Wutträmen laufen mir übers Gesicht. Ich hadere mit Gott. Ich drohe ihm mit Kündigung. Zu Hause angelangt, setze ich mich aber immerhin noch an meinen Hausaltar, trage die ganze Geschichte vorwurfsvoll vor und verlange Stellungnahme. So wütend bin ich.

Etwas fragt leise in meinem innern, ob ich nicht Gott trotzdem noch lieben könne; Er/Sie sei sehr bekümmert über meine Wut. Oh ja, doch, das kann ich. Ich fühle Seinen Kummer deutlich, und es tut mir leid.

Später gewinne ich Klarheit. Ja, Gebete werden erhört, aber man muß eins sein mit dem, was man betet. So frech, wie ich beim Schimpfen und Wüten gewesen war, hätte ich auch gleich beim Beten sein können.

Ich schloß daraus: »Den Zaghaften sticht die Welt.«

Anfang August. Diesen Weg zu gehen, ist wirklich nicht leicht. Ich glaube ja alles. Aber es muß dringend Geld her, und es ist keines in Sicht. Der Verstand rebelliert. Dialoge, Streitgespräche, Beschwichtigungen, allerlei Argumentationen finden in meinem Kopf statt, Versuche, sich mit dem gesunden Menschenverstand doch noch irgendwie zu arrangieren. Man möchte ja nicht in der Klapsmühle enden. Und auch nicht unter der Brücke. Da schlägt die folgende Botschaft ein wie ein Blitz:

Sei nicht bequem
und suche keine Zuflucht vor dem Glauben.
Argumente haben kein Gewicht
vor der Wahrheit.
Bekenne.

›Bekennen‹ soll heißen, mich fest auf den Boden des Vertrauens zu stellen und entsprechend zu handeln. Ich habe längst begriffen, worum es geht; aber ich handele nicht danach. Ich habe begriffen, daß hinter allem, was existiert, eine einzige schöpferische Kraft steckt, und daß ich nicht nur Ausdruck dieser schöpferischen Kraft bin, sondern sie auch kanalisiere: durch meine Gedanken, meine Wünsche, mein Verlangen. Gott ist kein moralisierender Oberbuchhalter, der sagt »Du bekommst viel, weil du gut und fleißig bist«, oder »du bekommst wenig, weil du schlecht und faul bist«, sondern wir selbst sind es, die so denken und dadurch viel oder wenig von dem großen schöpferischen Strom nutzen. Dieser Strom ist für alle da, ohne Unterschied; so wie die Sonne ja auch auf alle scheint, auf Gute und Böse, Faule und Fleißige.

Tief in meinem Herzen aber denke ich, daß mir nichts zusteht, außer wenn ich es mir durch Opfer und Leistung verdient habe.

Auf diesen unbewußten Glaubenssatz zielt die Botschaft, die ich später am selben Tage überraschend erhalte:

Wenn Gott König ist,
und du bist Diener,
darfst du dann verlangen?

Ich denke nach. »Ja; dann muß ich ihm dienen und darf meinen Lohn verlangen.«

Wenn Gott Vater ist,
und du bist Tochter,
darfst du dann verlangen?

Ich: Bis zu einem gewissen Grade, ja.

Wenn Gott Mutter ist,
und du bist Tochter,
darfst du dann verlangen?

Ich, zögernd: »Etwas mehr, ja.«

Wenn Gott du ist,
darfst du dann verlangen?

Ich erkenne: »Dann *muß* ich verlangen!«
Jubel am anderen Ende.

Eureka! Hurra! Sie hat begriffen!
*Du **mußt** verlangen!*
Verlange.

Ich verlange also: Erfolg für meine Werke; Kraft Freude und Vitalität; Geld für meinen Lebensunterhalt, Bezahlung meiner Schulden; eine gesunde Behausung auf dem Land (wir suchen schon lange); Wahrheit für meine medialen Durchgaben; Inspiration fürs Schreiben; und noch allerlei mehr.

Zu meiner Überraschung wird mein Gebet korrigiert. Ich muß folgenden Text aufschreiben:

Ich bin der Erfolg
aller meiner Werke.

Ich bin Kraft, Freude und Vitalität
in meinem Wirken.
Ich bin Wahrheit und Liebe
in meinem Sprechen.
Ich bin Versorgung
in allen weltlichen Belangen.
Ich bin Fülle,
die in den Mangel fließt,
ich bin Liebe,
die die Schuld ablöst.
Ich bin alles Geld
der Welt.
Ich bin alles,
was ich wünsche und brauche.
Ich bin das.
Ich bin.

Während ich diese Worte niederschreibe, *bin* ich es wirklich. Aber das ist ein flüchtiger Moment!

Gleich darauf wird der Schlüssel zum Verständnis dieser Gebets-formulierung nachgeliefert:

Ich bin,
was ich wünsche und verlange.
Ich bin das.
So wird es
durch mich.
Ich bin es
und lasse es werden.
Das ist vollkommene Manifestation.
Ich bin das.

Ich begreife und gerate in einen Zustand von Verzückung. Überwältigt von Dankbarkeit, spreche ich zwei Mantras. Das eine beschreibt die unfaßbare Größe Gottes, das andere ihre Verwirklichung in der Welt. Gleich darauf muß ich wieder zum Stift greifen und folgenden Kommentar aufschreiben:

> *Ich bin die Krone*
> *und die Krönung*
> *und der Gekrönte.*
> *Ich bin das Reich.*
> *Das Reich und ich sind eins.*
> *Niemand regiert.*
> *Ich bin König und Reich*
> *zugleich.*

Während ich diese Worte aufschrieb, erkannte ich ihre Bedeutung. Es war ein Erkennen jenseits des Alltagsbewußtseins. Erst Monate später jedoch flog mich die volle Bedeutung dieser Erkenntnis mitten im Leben, mitten im alltäglichen Bewußtseinszustand an, und mir wurde schwindlig.

In den Wochen, die dieser Durchgabe folgten, war ich guter Dinge; ich hatte bestellt, was ich brauchte, und widmete mich meiner Arbeit. Aber es war kein Geld da, und eine Menge Rechnungen harrten der Begleichung. So wurde ich bald wieder mürbe.

Anfang September. Wieder wankelmütig geworden: jetzt suche ich mir aber einen Job! Dann gibt es jeden Monat Geld, und die Zitterei hat endlich ein Ende. Ich habe zwar keine Zeit für einen Job, bin vollauf beschäftigt. Mit den Tätigkeiten, die mir am Herzen liegen, weisungsgemäß. Aber die kein Geld bringen! Jedenfalls jetzt noch nicht! Ich schreibe an Büchern, an Liedern, übe, pflege meine mediale Arbeit und meine Meditationsgruppe, betreue Schüler und male.

Und mache mich verrückt wegen der Zahlungen, die zu leisten sind. Ich habe es satt. Ich möchte endlich wieder sorglos leben. Voller Freude, unbeschwert sein! Und vor allem: Ich habe Angst.

Also doch arbeiten gehen? Ich bitte um Führung. Ich meditiere. Ich schreibe auf:

Geld ist Schein.
Du sei rein
von Furcht.
Schreibe, male und singe,
lasse Mich klingen
durch dich.
Geld
laß Meine Sorge sein.
Geld ist Schein.
Ich bin.
Das ist die einzige Wahrheit.
Vertraue!
Leg den Zweifel zur Seite.
Ich baue
auf dich.
Ich brauche dich.
*Das ist **Mein** Versuch,*
Mich zu erkennen
durch dich.
Meine Macht ist unendlich,
doch ich kenne sie nicht.
Bringe sie dar
für Mich.
Vertraue.
Ich baue
auf dich.

Führung?
Du rufst nach Führung.
Ich führe dich
immer und überall.
Du aber siehst es nicht.
Sieh die Führung in allem,
schreie nicht nach Führung,
sieh' sie!
Sieh Meine Hand in allem,
was dir geschieht.
Nichts fehlt dir.
Sie es. Sieh es an!
Vertrauen zu lehren
sei dein Werk.
Erst aber
vertraue.
Leg den Zweifel zur Seite,
gib dich hin.
Leg die Angst zur Seite,
gib dich her.
Mach dich leer
von Sorgen und Angst.
Laß dich führen.
Sei blind.
Sei Kind.
Vertraue.
Ich bin
stets da. Ich weiß,
was du brauchst.
Du mußt es mir nicht vorsagen,
kleines Herz. Ich weiß es besser als du.
Ich gebe mehr,

als du verlangst.
Was ich verlange, ist wenig:
Vertraue.
Und tue dein Werk.
Tue es ganz und voll Freude.
Nur so kann Ich geben,
was Ich zu geben habe.
Es ist viel.
Deine Hände sind nicht groß genug,
es zu empfangen.
Geld ist Schein.
Wirklichkeit
bin Ich.

»Aber die Bank«, wage ich einzuwenden, »und der Vermieter ...«
Beide machen mir nämlich die allergrößten Sorgen.

»Die Bank« und »der Vermieter«
sind Nägel in deinem Denken.
Entferne sie und siehe:
Da bin nur ich.
Überall.
Auch da, wo du die Bank und den Vermieter
vermutest,
bin Ich.
Nichts als Ich,
wohin du auch schaust.
Wie solltest du verhungern?

»Aber andere Menschen verhungern doch auch!« Das ist ein Punkt,
der mir oft zu schaffen macht und mein Vertrauen schmälert.

Deinen Weg sollst du geben,
nicht den der Anderen.
Setze Scheuklappen
an die Augen des Verstandes,
und entferne die Scheuklappen
von deinem ängstlichen Herzen.
Wie willst du versteben,
was Anderen geschieht,
wenn du nicht
dein Herz befragst?

»Aber wieso soll es mir besser gehen als anderen? Sie wünschen sich doch auch Besserung ...?«

Ich *ernähre dich.*
Du hast Mein Wort.
Nicht *schaue auf Andere.*
Baue dein Werk.
Vertraue.
Kein Umweg, kein Ausweg.
Bleibe mir treu.
Ich baue auf dich.

Im Rückblick ist klar zu erkennen, daß das Höhere Selbst sein Versprechen gehalten hat: Mir hat es nie an etwas wirklich Notwendigem gefehlt. Nur daß ich oft Kredite aufnehmen und Schulden hin- und herschieben mußte; daß es viele Verzögerungen gab; daß etliche Male die finanzielle Situation sich so zuspitzte, daß es ausweglos aussah. Wenn man das Ganze aus der Ferne anschaut, fragt man sich vermutlich, worüber ich mich so aufgeregt habe. Steht man aber chronisch vor dem finanziellen Nichts und muß dennoch regelmäßig Geld hervorzaubern, ohne zu wissen woher, gerät man in

Panik. Vertrauen und Erkenntnis waren schon vorhanden, hatten aber noch nicht Fuß gefaßt in meinem alltäglichen Bewußtsein; konnten es auch nicht, weil es noch viele unerkannte Hindernisse in dunkleren Zonen meines Geistes gab.

Manchmal dämmert die Wahrheit in mir auf. Eines Tages erhalte ich eine eindringliche Erinnerung an die Botschaft von Anfang August:

> *Niemand regiert,*
> *merke dir das gut.*
> *Das Reich und Ich sind eins.*
> *Merke gut auf.*
> *Setze keine Grenzen!*
> *Das Reich und Ich sind eins.*
> *du und Ich sind eins.*
> *Ich bin,*
> *was Ich wünsche und verlange.*
> *Ich bin das.*
> *Das ist Meine Natur.*
> *Entferne den Grenzzaun und erkenne:*
> *Es ist **Deine** Natur.*
> *Du bist,*
> *was du wünschst und verlangst.*
> *Verstehe.*

Ich verstehe. Aber nur in diesem einen Augenblick. Wieder mit den Tatsachen konfrontiert, verkommt mein Verstehen zu einer blassen Erinnerung und mein Wissen zu einem angestrengten Versuch, zu vertrauen.

September. Der ständige Geldmangel hat das Gefühl erzeugt, daß alles blockiert ist. Die Kraft, die Initiative zu ergreifen und durch irgendeinen Schritt (welchen?) alles zum Besseren zu wenden, schwindet dahin.

Aber es bleibt die schwache Hoffnung auf ein Wunder. Sie ist es, die mich heute zum Altar treibt, Papier und Stift gezückt. Wenn doch etwas Wunderwirksames käme! Ein Wort, das alles wendet!

Das Wort kommt, aber das Wenden bleibt mir überlassen:

> *Wähle den Weg!*
> *Wende dein Leben*
> *vom Geringeren zum Höheren,*
> *vom Schlechteren zum Besseren.*
> *Tatkraft und Handeln*
> *sind die Mittel der Wende.*
> *Warte nicht auf neue Erleuchtung.*
> *Handle und wisse Ihn hinter dir.*
> *Sei eins,*
> *und sei nicht zaghaft.*
> *In allen Bereichen: handeln*
> *das ist der Rat.*
> *Anderen gibt es nicht.*

Mit »Handeln« war gemeint: Die Geldsorgen entschlossen zur Seite schieben und mich vertrauensvoll der Arbeit zuwenden, die im jeweiligen Augenblick zu tun ist. Volle Kraft voraus. Genau das aber konnte ich im Augenblick nicht; ich war von Sorgen zermürbt.

»Ich weiß das«, sage ich. »Aber ich brauche Geld!«

> *Geld kommt,*
> *sobald du handelst;*
> *wurde es dir nicht gesagt?*
> *Geld ist in Seinen Händen.*
> *Es ist verfügbar,*
> *es steht bereit.*

Handeln löst jetzt die Sperre,
nicht Verstehen.

Es gibt eine Zeit des Verstehens
und eine Zeit des Handelns.
Verstanden hast du genug.
Jetzt heißt es handeln.
Wir brauchen deine Hände.
Handle jetzt
unverdrossen
ohne Zagen und Zögern und Zweifeln.
Handle. Segen.

Ja, ja und ja. Ich weiß. Ich versuche es. Aber die Angst nagt an mir. so stark, daß ich sogar im Schlaf die Stirn runzele. Der Schwung, den die hohen Momente und die wunderbaren Botschaften mir geben, trägt im Augenblick nicht weit. Auch halte ich mich, wohl aufgrund der depressiven Gesamtstimmung nicht ganz an die gegebenen Empfehlungen. Ich tue meine Arbeit, ich tue sie auch mit Freude; aber ich vertrödele viel Zeit. Ich bin irgendwie aus der Ordnung geraten.

Ende September. Fortwährende Geldnot, verbunden mit viel Arbeit und vielfältigen Anforderungen, macht schlapp. So kann es nicht weitergehen. Ich schleppe mich durch die Tage, unfähig, mein Leben tatkräftig zu ordnen. Ich bin nicht untätig; aber alles ist durcheinander, alles ist mir zuviel. Da gibt es einige journalistische Arbeiten zu erledigen; Lieder, die bearbeitet und notiert werden wollen; mein Märchen, das langsam anfängt, in Arbeit auszuarten; die tägliche Arbeit mit der Stimme; die Arbeit mit Schülern; dazwischen diverse Haushaltspflichten, die in dieser Zeit des Mangels schwieriger zu erledigen sind als in Phasen, wo man einfach alles kaufen kann, was fehlt, und ersetzen, was kaputtgegangen ist.

Wie gesagt, das alles raubt nur Kraft. Das Schlimmste ist, daß ich keinen Sport mehr treibe, weil ich so kraftlos bin. Ich male auch nicht mehr. Ich gehe nicht mehr im Park spazieren, was früher meine wichtigste Kraft- und Inspirationsquelle war. Alles liegt im Argen. Ich bin ein Jammerlappen.

Damit muß Schluß sein. Ich setze mich an meinen Altar und spreche ein Machtwort. Sehr entschieden verlange ich das Einschreiten einer höheren Macht, die die ganze verfahrene Angelegenheit in die Hand nimmt und im göttlichen Sinne auf Vordermann bringt. Dann meditiere ich. Nach einer Weile meldet sich in meinem Innern eine machtvolle Stimme zu Wort. Sie befiehlt mir, folgendes aufzuschreiben:

> *Ordnung zu schaffen,*
> *komme Ich in dein Leben.*
> *Du hast gerufen,*
> *Ich antworte.*
> *Fürchte dich nicht.*
> *Aber wisse:*
> *Meine Hand ist mächtig,*
> *sie fegt alles fort,*
> *was nicht in dein Leben gehört.*
> *Ordne dich unter,*
> *oder rufe Mich nicht.*
> *Sprich!*

»Ja«, sage ich schüchtern, »wenn du wirklich von Gott kommst, rufe ich dich gerne, denn dann dienst du ja meinem höchsten Selbst.« Etwas wirre Worte, aber wen wundert das.

> *Nicht diene Ich,*
> *Ich befehle.*

»Aber wer bist du?« frage ich. »Bist du ein Engel? Bist du mein hohes Selbst? Gib mir ein Zeichen, um mir zu bestätigen, daß das alles Wirklichkeit ist und nicht ein Produkt meiner Fantasie. Ich verlange ein Zeichen!!«

Ich ordne und füge.
alles andere ist Lüge.
Wer gibt dir Zeichen?
Immer suchst du den Zweiten.
Du und ich aber
sind eins.
Alles Zweite ist Lüge.
Verfüge!
Du bist frei.
»Es sei«:
Sprich das Machtwort
und traue.
Daraus baue
Ich, was du dein Leben nennst.
Ich bin die unsichtbare Substanz,
die im Dunkeln wirkt.
Ich bin die dunkle Hälfte,
die du vergebens suchst.
Ich bin, was du nicht sehen kannst.
Ich bin du.
Gib es auf, Mich zu suchen.
Handle. Verfüge.
Es gibt keinen Zweiten.
Alles andere ist Lüge.

Mit dem einen Teil von mir weiß ich das. Mit dem anderen wende ich ein: »Aber du hast doch gesagt, ich soll mich unterordnen ...«

Dir selbst ordne dich unter!
Du handelst nicht, wie du denkst und weißt.
Du widerstrebst dir selbst.
Dir ordne dich unter,
dann dienst du.
Denn Dienen ist dein Zweck
und dein Sehnen.
Jetzt dienst du nicht,
du läßt dich auf dem Wasser treiben.
Diene, und du bist froh,
diene, und du bist versorgt.
Diene nicht, träume,
und du bist unglücklich und arm.
Diene!
Sei Diener
dir selbst,
so dienst du dem Großen.

Ja, ich verstehe. Mir selbst zu dienen, heißt, der Sehnsucht meiner Seele zu folgen und meiner inneren Stimme zu gehorchen. Aber was tue ich? Ich jammere ...

Verfüge!
Es gibt keinen Zweiten.
Alles andere ist Lüge.
Verlange kein Zeichen –
setze das Zeichen.
*Es ist **dein** Zeichen.*
Im Dunkeln treiben dann
Blüte und Furcht.
*Das ist **Mein** Zeichen.*
Vertraue. Aber säe!

Du willst ernten, ohne zu säen.
Verfüge! Und alles ist dein.
Sei eins.
Alles andere ist Lüge.

Nach diesen machtvollen und strengen Worten fehlt jeglicher Kommentar in meinen Tagebuchnotizen. Aber ich kann mich noch gut an das Gefühl erinnern, das sie begleitete. Es hatte etwas von einem Schwerthieb.

In der Rückschau kann ich erkennen, daß die Macht, die ich anrief, tatsächlich alles aus meinem Leben fegte, was nicht hineingehörte. Damals merkte ich das noch nicht. Aber immerhin: Ich wurde tatkräftiger nach diesem Erlebnis. Heute glaube ich, daß dieses entschlossene Anrufen einer höheren Macht ein wichtiger Schritt war. Ich war noch lange nicht so weit, daß ich mich mit meinem Höheren Selbst, das sich in den Botschaften zu Wort meldete, identifizieren konnte (außer im Moment des Empfangens der Botschaft oder gelegentlich in der Meditation). Ich war in meinem persönlichen Bewußtsein befangen. Und aus diesem heraus tat ich das einzige, was mir aus dem Schlamassel heraushelfen konnte. Unfähig, mich selbst auf eine höhere Ebene zu erheben, rief ich das Bewußtsein dieser höheren Ebene in mein persönliches Leben herab.

Und es kam.

Drittes Kapitel

Zeit der Saat. Das hohe Selbst lehrt mich, was Wirklichkeit ist, und die Transformation bahnt sich an

Oktober. Es gibt Lichtblicke in meinem Verhalten. Plötzlich habe ich das Bedürfnis, gründlich zu putzen, aufzuräumen, Harmonie in Wohnung und Kleidung herzustellen. Da kommt eine Botschaft:

> *Ordnung schaffe*
> *als Fundament.*
> *Reinige, befreie, ordne.*
> *Renoviere die Basis.*
> *Auch dich*
> *kleide, schmücke, kämme, ordne neu.*
> *Tue täglich,*
> *was zu tun ist.*
> *Nichts Neues suchen,*
> *sondern Vorhandenes pflegen.*
> *Segen.*

Damit könnte ich mich begnügen. Aber ich kann es nicht lassen: »Wann kommt endlich Geld?« lamentiere ich.

> *Nicht sorgen, handeln.*
> *Handeln bringt Wandel.*
> *Ordne von Grund auf*
> *Wohnung und Kleidung,*

Körper und Zeit. Ordne.
Bereite dem Großen
festlichen Raum.
Wie willst du ernten,
wenn du nicht säst?

In diesen Tagen bin ich damit beschäftigt, die letzten Kapitel meines Märchens zu schreiben. Das nimmt meine ganze Zeit in Anspruch. Es braucht vollkommene Konzentration und Engagement. Wohnung und Kleidung habe ich erst zu ordnen begonnen, Körper und Stimme schreien nach Training.

Ich mache mich ans Werk.

Ein paar Tage später erreicht mich in der Meditation diese Botschaft:

Wenn du Geld wünschst,
bestelle, besiegle und vertraue.
Dann wage.
Nicht zage und bange, wage.
Das ist Vertrauen.
Vertrauen ohne Wagen ist Trug.
Vertrauen ohne Handeln ist nichtig.
Handeln ist wagen.
Nicht zagen. Verfüge!
Nicht Körper bist du, nicht Geist.

Was bin ich denn?

Nichts ist Körper, nichts ist Geist.
Bewußtsein träumt.
Träume und schaffe!
Wage!

Was ist Wagnis im Traum?
Gib dem Wunder Raum!
Es ist Traum!

Hierin liegt der große Schlüssel. Wie jede der Botschaften war auch diese zugleich eine Erkenntnis, die aus tiefstem Innern auftauchte, begleitet von einem großen, befreienden »Aha«. Sie arbeitete in der Folgezeit in meinem Verstand, in meiner Psyche, in allen Schichten meines Wesens. Immer wieder führte ich sie mir auch ganz bewußt zu Gemüte, erwachte für den Bruchteil eines Augenblicks zu der Wirklichkeit, die sie zum Ausdruck bringt – und schlief sogleich wieder ein.

Ende Oktober. Viel Beschäftigung mit dem, was mit mir nicht stimmt, was ich verändern möchte. Unzufriedenheit. Meditation. Da kommt aus heiterem Himmel diese Botschaft:

Transformation
heißt nicht, das Alte zu zerstören,
sondern es umzuwandeln.
Das Rohmaterial wird gebraucht.
Daraus wird Edelstein.
Es in seinem Wert erkennen,
heißt,
es schleifen.

Das »Rohmaterial«, so wußte ich während des Notierens, waren auch die unerwünschten Eigenschaften. Ansonsten verstand ich zwar instinktiv, was gemeint war, konnte es aber weder analysieren noch irgendwie in meinen Prozeß einordnen oder damit arbeiten. Der Leser möge sich selbst einen Reim darauf machen.

November. Die Arbeit geht ganz gut voran, ich folge, soweit es mir in der gegebenen Situation möglich ist, den erhaltenen Wei-

sungen. Die Geldnot besteht weiter. Wo soll das Geld auch her-
kommen (wenn nicht vom Himmel)? Vertrauen ... Irgendeine Art
von Vertrauen muß schon da sein, sonst würde ich alles hinwerfen.

Zur Zeit bin ich unzufrieden, irgendwie von Grund auf unzufrieden. Wieso? Am Altar kommt Antwort:

> *Streiche die falschen Erwartungen.*
> *Sieh die Wahrheit.*
> ***Erwartung ist nicht Wahrheit,***
> ***Erinnerung ist nicht Wahrheit,***
> ***Normen sind nicht Wahrheit.***
> ***»Soll« ist eine Lüge,***
> ***»Sollte« eine Dummheit.***
> *Du benimmst dich wie jemand,*
> *der Manna serviert bekommt*
> *und es ablehnt,*
> *weil er Eierlikör erwartet hat.*
> ***Trinke das Manna der Wahrheit.***
> ***Es fällt in jedem Augenblick vom Himmel.***
> *Genieße, was vorhanden ist,*
> *anstatt Anderes zu erwarten.*

Das ist nur allzu treffend. Vor lauter Beschäftigung mit dem, was
anders sein sollte, vor lauter Sorgen und Wünschen habe ich völlig
vergessen, was Genießen heißt. Aber in der Lage, in der ich mich
befinde ... »Wie kann ich aufhören, etwas zu erwarten, wenn ich es
doch erwarte?«

> *Wenn du die falschen Erwartungen bemerkst,*
> *sind sie schon hinfällig.*
> *Sie leben davon,*
> *daß sie dich blind machen*

für die Wirklichkeit.
Wenn du sie anschaust,
halten sie nicht stand.
Erwartungen
entspringen der Vergangenheit.
Mit jeder Erwartung
suchst du Wiederholung.
Neues
ist Gegenwart.

Genieße und entspanne. Sei.
Wie kann das Leben durch dich wirken,
wenn du immer dazwischenpfuschst?

Hier werde ich renitent und werfe wieder einmal ein: »Und die Miete?« Die Antwort ist schlicht:

Vertraue.

Jetzt werde ich wütend. Ich beginne plötzlich ernsthaft daran zu zweifeln, daß die Botschaften wirklich von einer wissenden, einer höheren Instanz kommen, halte sie für Produkte meiner Fantasie. Warum sonst bekomme ich immer dann, wenn es konkret wird, keine Antwort?

Du hast mein Jawort.

»Aber ...«

Schritt für Schritt,
nicht mehr,
und nicht weniger.

»Aber die Mietzahlung *ist* der nächste Schritt! Sie ist jetzt dran!«

> *Ich allein weiß,*
> *wann die Miete fällig ist.*
> *Vertraue.*
> *Ich brauche dich.*
> *Ich baue auf dich.*
> *Laß Mich nicht im Stich.*
> *Könntest du nur begreifen, Kind,*
> *du würdest staunen und danken.*
> *Laß die Miete*
> *für sich selbst sorgen,*
> *und sorge für dich!*
> *Ich brauche dich.*
> *Klinge! Schwinge!*
> *Laß Mich klingen*
> *durch dich!*
> *Das allein zählt jetzt.*
> *gib dich hin. Entspanne.*
> *Alles andere*
> *laß Meine Sorge sein.*
> *Ein- für allemal:*
> *Erwache!*

»Klingen und schwingen« ist jetzt tatsächlich wichtig, denn zur Zeit arbeite ich mit einer großen Gruppe hervorragender Musiker zusammen und »klinge und schwinge« überhaupt nicht recht. Allerdings bezieht sich »Klingen und schwingen«, wie ich später verstehe, keineswegs nur auf die Musik, sondern auf das Leben überhaupt. Das ganze Leben ist Musik; – das Universum ist so etwas wie eine Symphonie und jeder von uns eine Stimme darin.

Ich übe also weiterhin Vertrauen, schlage mir die Miete aus dem

Kopf (eine im Rückstand, die zweite demnächst fällig) und widme mich dem Singen.

Es will nicht recht gelingen; die Umstände lasten schwer.

Hätte ich damals gewußt, daß das Geld für die Miete immer irgendwie hereinkommen würde, ebenso wie das Geld für alles, was ich wirklich brauchte (wenn auch oft recht spät), ich hätte mir viel kräftezehrende Aufregung sparen können.

Damals aber wußte ich das nicht. Es war zu diesem Zeitpunkt auch keinerlei Geld in Aussicht. Ich hatte zwar das Wort des Himmels, aber ich glaubte, ohne es zu wollen, immer noch an die Gesetze der Welt ...

Ende November. Ich entdecke einen tiefen, sehr grundsätzlichen Zwiespalt in meinem Innern. Er hat etwas zu tun mit dem Leben, das ich führe. Ich versuche ihm auf den Grund zu gehen. Als ich erschöpfend darüber nachgedacht habe, nehme ich Papier und Stift zur Hand, in der Hoffnung, eine Lösung für mein Problem serviert zu bekommen.

Sie kommt und lautet:

Es gibt keinen Zwiespalt.
Auf dem Grunde deines Denkens
bin ich.
Das ist alles.
Durchstoße den Zwiespalt
und finde Mich.
Mehr ist nicht zu tun.
Zerbrich dir nicht den Kopf
über Grundsätzlichkeiten.
Ich bin.
Alles andere zählt nicht.
Ich bin,
was auch immer geschieht:

Geld oder Nichtgeld,
Ehe oder Nichtehe,
Leben oder Sterben:
Ich bin.
Finde Mich
auf dem Grunde deiner Zwistigkeiten
und lache mit Mir.
Laß dich fallen in den Augenblick,
den Ich dir bereite.
Jeden Augenblick
bereite ich dir neu.
Das ist alles.
Mehr ist nicht zu tun.

Haarfein
ist der Grat des Augenblicks.
Schwanke nicht.
Bleib in der Mitte,
dort, wo Ich bin.
Vergeude deine Zeit
nicht mit Grundsätzlichkeiten.
Ich bin
die einzige Grundsätzlichkeit.
Ich lache.
In jedem Augenblick
erfinde Ich ein neues Gesetz
und lasse ein altes zerplatzen,
wie Seifenblasen.
Was sind Grundsätzlichkeiten?
Sie machen dir
jeden Schritt schwer.
Erwache.

Lache
mit Mir.
Laß Feste uns feiern,
anstatt über Grundsätzlichkeiten
in Zwiespalt zu geraten.
Ich lache darüber.
Sei mit Mir. Sei wahr.
Sei Augenblick. Sei neu. Sei rein.
Dann bist du Mein.
Ich will dich ganz,
nicht scheibchenweise.
Gib dich ganz her.
Spiele mit mir den ganzen Tag,
nicht nur fünf Minuten.
Wirf deine Sorgen auf Mich,
ganz und gar.
Ich will dich nackt und frei,
nicht schwerbeladen hinter mir herstol-
pernd
und bei jedem Schritte anhaltend,
um dich umzusehen,
um nachzusehen,
ob die alte Welt nicht doch mehr Sicherhei-
ten
oder mehr Vergnügen
für dich hat.
Ich will dich nackt und frei.
Was soll ich mit einem Spielkameraden,
der schwer bepackt und jammernd
hinter Mir herstolpert?
Die Miete?
Ja, weißt du denn nicht,

daß alles Geld der Welt und alle Häuser der
Welt
und alle Ansprüche der Welt
Mein sind?
Die Pflichten?
Deine einzige Pflicht ist es,
Mir zu Diensten zu sein.
Und mir zu dienen,
ist reines Vergnügen.
Jede Sekunde Leid,
jeder Mißton in deinem Leben
geht nur und einzig darauf zurück,
daß du mir nicht gedient hast.
Ich kümmere mich nicht um Pflichten und »Geld
verdienen«,
Ich spiele.
Ich spiele, wie Ich will und wann Ich will –
doch ich spiele immer perfekt.
Perfektion ist das einzige Gesetz meines Spieles.
Sei dabei.
Wenn du teilhaben willst an der Vollkommen-
heit,
sei ganz dabei,
ohne dich auch nur ein einziges Mal umzu-
schauen.
Sei ganz dabei.
Vergiß die Mieten und die Pflichten –
sie sind Mein.
Vergiß die Schulden,
sie sind erlassen.
Überantworte dich Mir
ganz und gar

von Kopf bis Fuß
nackt und frei.
Sei dabei.
Spiele mit Mir
den ganzen Tag.
Nur Ich
bin Führung.
Nur Ich bin Versorgung.
Nur Ich.
Laß dich fallen, Kind, in meine Arme.
Sie sind weich.

Ich denke immer, ich muß ständig arbeiten; fühle mich irgendwie dazu verpflichtet ...

Vergiß das.
Glaube an mich,
oder glaube an die Welt.
Beides zugleich
ist unmöglich.
Ich bin der Spieler.
Die Spielregel lautet:
Vollkommenheit.
Sei dabei,
nackt und frei.
Tanze im Rhythmus der Wesenheit,
die Ich dir verliehen habe.
Tanze im Rhythmus deines eigenen Herzens,
und du bist im Einklang
mit Mir.
Nur das zählt,
glaube Mir.

Alles andere sind Kartenhäuser;
gebaut aus meinen Spielkarten.

Ich frage: »Heißt das, daß ich in jedem Augenblick das tun soll, was
ich will?«

> *Genau das, was **Ich** will.*

»Wie kann ich das unterscheiden?«

> *Am Rhythmus deines Herzens*
> *kannst du es erkennen.*
> *Nicht dein Eigenwille steuere,*
> *sondern dein Herz.*

»Was bedeutet das?«

> *Gehst du im Rhythmus deines Herzens,*
> *so handelst du*
> *schnell,*
> *spontan*
> *und ehrlich,*
> *ohne dich um »gut« oder »schlecht« zu kümmern.*
> *Gehst du im Rhythmus deines Eigenwillens,*
> *so stolperst du, stürzt du, rennst du,*
> *eckst an und blockierst dich.*
> *Daran kannst du den Unterschied erkennen.*

»Was kann ich tun, um mich immer wieder darauf einzustimmen?«

> *Lausche dem Rhythmus deines Herzschlags*
> *und erkenne den Meinen darin.*

Verpflichte dich deinem Herzen
Tag für Tag.
Doch zuvor
lege alles andere ab:
Sorgen, Angst, Zweifel und Abhängigkeit.
Schreite voran
im Rhythmus deines Herzens
und schau dich nicht ein Mal um.
*Nicht **ein** Mal! Hörst du gut!*
Immer vorangehen,
auch ruhend,
nie zurückschauen.
Bleib im Takt,
Ruhend und schaffend.

Gibt es Übungen, die helfen können, mich darauf einzustimmen?

Es gibt keine Übung.
Nur die:
Bei Mir zu sein.
Nichts anderes übe.
Nenne es so
oder nenne es so –
es ist Mir gleich.
Tanze mit Mir,
spiele mit Mir,
jeden Augenblick
sei frei für Mich.
Ich brauche dich.
Wie soll Ich dich erreichen,
wenn du auf Andere hörst?

»Aber du sprichst doch auch durch Andere ...«

Höre auf Mich in den Anderen,
und höre auf Mich in dir.
Höre nicht auf die Anderen,
höre nicht auf dich –
höre auf Mich.
Verstehe! Das ist ein großer Unterschied.

Mehr noch als bei allen anderen Botschaften fällt hier die paradoxe Natur der Aussagen auf. Wie sowohl die Weisen aller Zeiten als auch die Wissenschaftler der unseren festgestellt haben, ist die Grundnatur der Realität paradox – beziehungsweise muß unserem Verstand paradox anmuten. Fast möchte ich sagen: Glaube nichts, was nicht paradox ist.

»Höre nicht auf die Anderen, höre auf Mich in den Anderen«: Wie kann es überhaupt Andere geben, wenn doch das »Ich«, das hier spricht, die Stimme des Einen und einzigen Bewußtseins ist? Weil es die Einheit und die Vielheit zugleich gibt. Am einen Pol sind wir eins mit allem, was ist, am anderen Pol sind wir Individuum; das ist natürlich nur ein Bild, aber eines, mit dem man arbeiten kann. Was hier stattfindet, ist eine Art Dialog zwischen diesen beiden Polen.

Etwas später. Ich möchte jemandem helfen und bekomme dazu die folgende Anregung:

Sei im Einklang.
Nur so kannst du Anderen helfen,
Einklang zu finden.
Bist du im Einklang,
ist alles im *Einklang.*

* um dich (Anm. d. A.)

Eine weitere Frage kommt mir in den Sinn. Ich beschäftige mich in letzter Zeit viel mit Zen-Meditation. »Ist Zazen eine gute Übung für mich?« möchte ich wissen.

> *Wenn du dich hinsetzt*
> *zur Meditation,*
> *so feiere mit Mir.*
> *Das ist das einzige,*
> *was zählt.*
> *Alles andere ist Lüge*
> *und Schein.*
>
> *Wenn du dich erhebst*
> *aus der Meditation,*
> *so feiere mit Mir*
> *alles, was tu tust.*
> *Auch Mülleimer leeren*
> *ist Fest für Mich.*
> ***Alles ist Fest für Mich,***
> ***wenn du Mich einlädst.***
> *Denn für Mich ist alles neu.*

Viertes Kapitel

*Die Prüfung. Wie ich, den Weisungen von oben folgend,
durch Liebe der Katastrophe entrinne*

Anfang Dezember. Heute morgen habe ich eine Massage bekommen. Es ist eine Art von Massage, die mit der Arbeit an meiner Stimme zusammenhängt und sehr tiefgreifende Wirkung auf die Psyche hat. Muskel- und Charakterpanzer werden gelockert und Wahrheiten freigelegt, was sich wohltuend auswirkt, manchmal aber zunächst unangenehm. Heute ist es schlimm. Um zehn Uhr morgens bin ich von der Massage nach Hause gekommen, und bis jetzt, sechs Uhr abends, mußte ich ununterbrochen seufzen und weinen. Ich wußte nicht, daß soviele Seufzer in einem einzigen Menschen stecken können. Bin abgrundtief traurig und so schlapp, daß ich mich kaum bewegen kann. Hänge schon den ganzen Tag auf dem Sofa herum. Jetzt regt sich mein Bewußtsein, und ich beginne zu beobachten, was abläuft. Ich stelle fest, daß Schreien mir helfen würde. Ich traue mich nicht, der Nachbarn wegen. Ersatzweise fange ich an, die Seufzer, die sich immer noch in ununterbrochener Folge meiner Brust entringen, in gesungene Töne zu verwandeln. Dabei geschieht etwas Erstaunliches: Leicht und frei wie nie kommt meine Stimme heraus; alles, was zuvor blockiert war, ist plötzlich geöffnet, und jene hohen Töne, die mir bislang Schwierigkeiten gemacht haben, weil ihre Erzeugung unweigerlich mit Anspannung verbunden war, kommen auf einmal ohne jede Anstrengung zustande. Das liegt wohl daran, daß ich zu schlapp bin, um mich zu verkrampfen.

Damit habe ich offenbar etwas sehr Wichtiges erreicht, denn

die innere Stimme meldet sich zu Wort, um einen Kommentar abzugeben. »Schreib auf«, sagt sie. Ich fühle, daß es wichtig ist, aber ich bin zu schwach. »Schreib auf!« Unter großer Anstrengung kritzele ich ins Heft:

Hör gut zu.
Mach den Weg frei für Mich.
Immer tiefer laß dich sinken.
Vollkommen
traue dem Augenblick.
Keine Ausflüchte mehr.
Kein Tun, kein Nichttun
sei mehr zwischen uns.
Folge!
Nur vollkommen wehrlos
begegne Mir.
Gib auf das Kämpfen.
Leg die Waffen zur Seite.
Laß das Wollen weg.
Nichts wolle!
Sei.
*Es **ist** vollkommen.*
Was Unvollkommenheit schafft,
ist dein Kämpfen.
Ergib dich.
Wollen und Nichtwollen
sind beide
Produkte deines Denkens.
Gib sie auf.
Vertraue Meinem Denken.
Es ist vollkommen
in jedem Augenblick.

Nicht alles mitmachen
heißt das,
oder zu allem Ja sagen;
es heißt, für Mich da zu sein.
Immer.
Wenn Ich Nein sage,
sage du nein.
Wenn Ich Ja sage,
sage du ja.

»Und woran kann ich erkennen«, frage ich, »daß du das bist?«

Indem du schnell bist
und direkt.
Meine Stimme ist die erste.
Laß sie
die einzige sein.

Etwas später erhalte ich eine weitere Botschaft:

Gib dich nicht zufrieden
mit dem Kleineren;
wähle das Größere.
Das Größere
ist das Leben
in jedem Augenblick.
Lebe es ganz,
und alles kommt,
was du brauchst.

»Was bedeutet ›das Kleinere‹?«

Das Kleinere
sind die kleinen Ziele:
Soundsoviel Mark hier,
dasunddas dort.
Zerstöre das in deinem Denken.
Lebe.
Überfluß
ist jeder Augenblick Leben,
den du ganz lebst.

Ende Dezember. Die Katastrophe rückt heran. Bei allem Vertrauen: Wenn man mit nunmehr bald drei Mieten im Rückstand ist und außerdem einiges anderes fällig ist, und man dieses Geld weder hat noch weiß, woher man es bekommen kann: dann ist das eine bedrohliche Situation. Dabei »tue ich mein Werk«, den Weisungen der inneren Stimme entsprechend; ich gebe zu, ich tue es mehr schlecht als recht, der Sorgen wegen, die ich beim besten Willen nicht vertreiben kann. Also: Funktioniert esnicht, weil ich meinen Teil nicht beitrage? Jedenfalls: Geld muß her. Ich setze mich an den Altar und rebelliere. Was läuft falsch? Die innere Stimme meldet sich.

Fülle den Krug
in jedem Augenblick.
So entsteht Fülle.
Der Krug, das ist dein Leben.
Womit du ihn füllen sollst,
ist Liebe.
Liebe ist Da-sein.
Bist du nicht-da,
nicht-liebend,
ist der Krug leer.
So entsteht Mangel.

Ich bin verblüfft über diese Worte. Aber sie treffen den Nagel auf den Kopf. Wie oft bin ich »nicht-da«, »nicht-liebend«! Wie oft erwische ich mich dabei, »alles zu hassen«! Den Geldmangel, die zu eng gewordene Wohnung, die ewige Schlappheit ...

Die Stimme diktiert weiter.

> *Wo bist du, wenn Ich dich rufe?*
> *Du träumst.*
> *Nicht, daß du nicht träumen sollst;*
> *aber träume mit Mir.*
> *Träume hier.*

Ich weiß das ja alles! Aber ich vergesse es immer wieder. Wie gern wüßte ich einen Trick, der mir hilft, mich zu erinnern ...

> *Ich gebe dir Weisung*
> *für den neuen Tag.*
> ***Richte dich aus:***
> ***richte die Achse.***
> ***Der Norden zeige auf Mich,***
> ***der Süden zeige auf Mich.***
> *Im Norden bin Ich-im-Geist,*
> *im Süden bin Ich-in-Form.*
> *Dazwischen Mein Herzschlag*
> *für dich.*
> ***Nicht dein Herz schlägt in deinem Leib,***
> ***sondern mein Herz für dich.***
> *Was hoffst du? Was fürchtest du? Was vermißt*
> *du?*
> *Richte die Achse.*
> *Fülle den Krug.*
> *Fürchte nichts. Folge.*

Hartnäckig stelle ich wieder die ewig selbe Frage: »Was aber soll ich *konkret* tun, um das Geld, das ich brauche, zu mobilisieren?«

Mach Schluß damit.
Mach Schluß mit den Ausflüchten,
Schluß mit den Ängsten.
Mach Ernst.
Regiere für Mich.
Du bist der Arm,
der Mein Reich regiert.
Wie soll ich regieren ohne Arm?
Weisung hast du bekommen.
Jetzt tue.
Und tue ganz.
Vergiß nicht:
In jedem Augenblick
bin ich da,
wo immer du Bist.

Da beginne ich zu begreifen und ernst zu machen. Ich schlage mir die Sorgen aus dem Kopf, tue meine Arbeit, richte mich allmorgendlich auf die göttliche Gegenwart aus und beginne dem Leben in jedem Augenblick meine ungeteilte Aufmerksamkeit zu schenken.

Nicht daß es mir gelungen wäre, das allzulange durchzuhalten. Aber ein Anfang war gemacht.

Kurz vor Weihnachten. Heute ist etwas passiert, was mit dieser Geschichte eigentlich nichts zu tun hat; ich schreibe es trotzdem auf, weil ich mal wieder eine Lehre bekommen habe, die wichtig für uns alle ist.

Ich habe etwas falsch gemacht, bin unabsichtlich in ein Fettnäpfchen getreten. Ich fühle mich schuldig, würde am liebsten weglaufen und mit der Welt nichts zu tun haben. Besinne mich aber eines Besseren und setze mich zur Meditation hin. Sofort werde ich geführt. Ich entdecke zwischen Solarplexus und Herz einen Knoten. Ich bekomme die Anweisung, den schwarzen Inhalt dieses Knotens durch den Kopf in den Hals aufsteigen und durch die Stirn austreten zu lassen, um ihn anschauen zu können. Tatsächlich: Dunkle Blasen steigen auf, öffnen sich vor meinem Dritten Auge, geben Bilder frei. Bilder aus meiner Kindheit, die mit der ärgerlichen Begebenheit und dem Schuldgefühl zu tun haben. Plötzlich verstehe ich vieles. Die innere Stimme bittet mich, mir selbst und dem betreffenden Menschen zu verzeihen. Ich versuche es, aber es ist schwer. Dann Diktat:

Gib Mir,
was dein Herz bedrückt.
Gib Mir deine Bürde.
Mir
ist sie leicht.
Ich kenne sie.
Gib auf dein Stemmen und Bocken,
ergib dich.
Du mußt dich nicht stellen,
nur bereit sein,
Mich wirken zu lassen.
Meine Nadeln tun nicht weh,
Meine Eingriffe schmerzen nicht.
Aber Ich kann nur operieren,
wenn du mich läßt.
Wenn du grollst,
gib Mir deinen Groll.
Fühlst du Schuld,
übergib sie Mir.

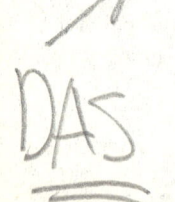

Ich kenne sie.
Glaubst du, es gibt etwas,
was Ich nicht kenne
in dir?
Gib es Mir. Alles.
Ich heile.
Jede andere Heilung
ist Lüge.

__Ich bin__ der einzige Heiler.
Wer seine Qualen nicht Mir gibt,
findet nie Linderung.
__Ich bin__ der einzige Tröster.
Wenn __Ich__ tröste,
ist alles getröstet,
und alles heilt.

Ich übergab also meinen Kummer meinem inneren Selbst, dem einen und einzigen Heiler. Aber es dauerte lange, bis die tieferliegenden psychischen Verwicklungen, die hinter dem kleinen ärgerlichen Ereignis verborgen gewesen waren, an die Oberfläche gekommen und gelöst worden waren. Später begriff ich, warum das so war.

Mir fehlte noch eine Erkenntnis, um die Sache wirklich meinem Höheren Selbst übergeben zu können. Damals war es nur ein Gedanke, ein Wunsch, ein Willensakt: »Ich übergebe diese Angelegenheit jetzt meinem Höheren Selbst.« Damit, dachte ich, konnte ich sie aus meinem Bewußtsein entlassen und aufhören, mich um sie zu kümmern. Tatsächlich aber mußte ich im Gegenteil den Scheinwerfer meines Bewußtseins auf die innerpsychische Realität des Problems richten; durch den gebündelten Strahl der Aufmerksamkeit, so könnte man sagen, kann der göttliche Heiler im Innern in Aktion treten.

Intellektuelle Aufmerksamkeit allein reicht nicht; sondern man muß hinschauen, hinfühlen, in die Gefühle und Körperempfindungen, die auftauchen, während man an das betreffende Problem denkt, hineinatmen und geduldig alles wahrnehmen, was immer geschieht. Man muß weder auflösen noch verändern noch heilen; das ist Sache des hohen Selbst. Aber man muß sich zuwenden und wahrnehmen. Nachdem ich diese Technik gelernt hatte, verstand ich die Botschaft besser: »Wer seine Qualen nicht Mir gibt, findet nie Linderung.«

29. Dezember. Es ist soweit. Drei Monatsmieten sind fällig. ohne Aufschub. In meinem Besitz befinden sich rund zwanzig Mark.

Ich lasse mich zur Morgenmeditation nieder. Heute ohne zuvor zu schimpfen oder um etwas zu bitten; vielmehr um meiner Sehnsucht zu folgen und mich auf höheren Ebenen tragen zu lassen. Bekomme Führung. Auf dem Weg nach »oben« darf ich meine Wünsche mitnehmen, nicht aber meine Sorgen. Hohe Meditation. Licht. Dann Diktat:

> *Wie die Morgenröte*
> *das Herz des Wachenden mit Hoffnung füllt,*
> *so will Ich dein neues Leben mit Hoffnung erfüllen.*
> *Wende Mir immer*
> *dein Antlitz zu.*
> *Das ist die Prüfung.*
> *Wenn du trägst,*
> *kann Ich geben.*
> *Trägst du nicht,*
> *brichst du ein,*
> *wird die Form zerstört.*
> *das ist dein Tod.*
> *Trage!*

Schritt für Schritt
voller Achtung und Achtsamkeit
gehe im Dunkeln.
Jeden Schritt tue
mit Mir.
Schritt für Schritt.
Nicht mehr!
Aber auch nicht weniger.

Ja, ich will ›tragen‹. Ich fühle schon lange, daß es um Leben oder Tod geht. Ich sehe es, wenn ich in den Spiegel schaue. Es findet ein Kampf auf grundsätzlicher Ebene statt.

»Das ist die Prüfung!« Ich weiß, daß es darum geht, wie ich mit der existenzbedrohenden Situation umgehe; nicht um den fehlenden Geldbetrag und die Unmöglichkeit, ihn innerhalb eines Tages zu beschaffen; sondern um die Anwendung all dessen, was ich bis jetzt gelernt habe. Und um noch mehr. Es geht um die Existenz überhaupt.

Im Laufe des Tages geht überraschend ein kleiner Auftrag ein, der mir immerhin die paar Mark sichert, die ich für die täglichen Brötchen brauche. Woher ich die für Bank und Miete fällige Summe mobilisieren kann, weiß ich nicht. Abends wird mir klar, daß irgendein grundsätzlicher Schritt ansteht, den ich tun muß, ein geistiger Schritt. Ich setze mich hin, um eine feierliche Geldzeremonie durchzuführen, sozusagen den Geldhahn aufzudrehen. Ich bekomme Führung und Inspiration für die Zeremonie. Mittendrin werde ich jedoch wütend und beginne, über die Botschaften zu schimpfen. Ich will keine Sprüche mehr, ich will konkrete Ratschläge, ich will wissen, was ich tun kann, um an das ja nun konkret notwendige Geld zu kommen.

»Schreib auf«, sagt die innere Stimme. Ich schreibe:

Du willst Großes,
ohne Großes zu geben.

»Du willst Großes« soll heißen, daß ich einen Weg der Wunder zu gehen versuche, anstatt einfach dem gesunden Menschenverstand zu folgen.

Gib das Größte, was du geben kannst.
Gib dich.

Ich bin ein bißchen ärgerlich. »Wo gebe ich denn nicht?«

Du bist bereit, mir A zu geben,
nicht aber B.
Gib Mir alles.
Ich will deine Aufmerksamkeit
für jeden Augenblick,
den ich dir bereite.
Jeden Augenblick!

Sogleich befällt mich schlechtes Gewissen, weil ich zuweilen recht faul bin.

Ich spreche nicht von Fleiß,
sondern von Aufmerksamkeit.
Verstehst du nicht:
Ich will deine Zuwendung,
Ich suche dich.
Ich rufe nach dir.
Ich bin voller Sehnsucht
nach dir.
Ich habe dein Herz berührt
wieder und wieder,

hoffend, daß du dich erinnerst
an Mich.
Wieder und wieder
verschließt du dich.

»Aber was kann ich tun, damit das anders wird?«

Vergiß jedes »Ich will« und »Ich will nicht«.
Handle, handle.
Bade im Handeln.
Treibe im Handeln
losgelöst dahin.
Frage nicht, was tun,
tue.
Bleibe im Fluß.
Schenk Mir Früchte!

Danach Stille und eine Meditation, die mich recht hoch führt. Dann Diktat:

Hohe Ströme
zeitigen strahlende Ergebnisse
in deiner Welt.
Überlasse dich den hohen Strömen,
nicht den niedrigen.

Zum Abschluß ziehe ich eine Tarotkarte. Es ist der »Gehängte«; ich bitte um Erklärung. Sie folgt auf dem Fuß:

Opfere dich Mir.
Bringe dich dar
mit allem, was du denkst, fühlst und tust.

Gib dich hin.
Laufe Mir entgegen
Augenblick für Augenblick,
Schritt für Schritt,
mit ausgebreiteten Armen,
ohne zu wissen,
ob ein Dolch dich erwartet
oder eine liebende Umarmung.
Nur das ist Leben.
Nur das ist Wahrheit.
Korrigiere
dein Bild von Mir.
***Ich bin** Shiva,*
und Ich bin Kali.
Ich bin nicht nur der liebe Gott.
Aber fürchte nichts:
Denn Ich bin du.
Dolche und Klauen:
Auch sie sind dein,
denn sie sind Mein.
Fürchte nichts.
Alles bist du.
Denn alles bin Ich.
Deshalb:
Laufe getrost ins Ungewisse
(Ich sage nicht »renne«!),
laufe in deinem Rhythmus,
nicht schneller und nicht langsamer,
als dein Herz will –
und vertraue!
Aber korrigiere das Bild,
das du von Mir hast.

Fürchte nichts,
wage alles,
und alles ist dein.
Solange du etwas fürchtest,
gibt es etwas,
was nicht dein ist.
Und du fürchtest vieles.
Wo immer Furcht ist, denke:
Das bin ich.
Ich will,
daß du in dieses Messer läufst,
um deine Unversehrbarkeit
zu entdecken.

»Dieses Messer« ist die Konfrontation mit dem Nichtzahlenkönnen samt allen daraus folgenden furchterregenden Konsequenzen.

Aber fürchte nichts, kleines Herz:
Meine Prüfungen sind milde.
Es ist Liebe,
die prüft.
Sei Liebe,
und nichts kann dir wehtun.
Ich bin Liebe.
Sei Liebe,
und wir sind eins –
dann gibt es keine Prüfung mehr.
Sei Liebe,
sei mein,
sei eins.
Nicht nur mit dir,
nicht nur mit dem, was du magst, nein:

mit allem.
Sei Liebe,
sei eins,
und siehe:
Die Prüfung entfällt.

Anfang Januar. Heute ist der erste Werktag im neuen Jahr. Für mich bedeutet das: Zur Bank gehen und erklären, warum ich die Kreditrate nicht bezahlt habe und auch in absehbarer Zeit nicht bezahlen werde. Die Kündigung seitens des Vermieters ist ebenfalls fällig, wie ich hörte, wegen der drei rückständigen Mieten. Das Gespräch mit der Bank soll heute nachmittag stattfinden. Zuerst einmal aber gehe ich zur Massage.

Ich fühle mich wie ein Lamm, das zur Schlachtbank geführt wird. Nicht wegen der Massage, sondern wegen der unausweichlichen Katastrophe. Resigniert lege ich mich auf die Massagematte. Während der Behandlung geschieht in meinem Bewußtsein etwas Befreiendes, das ich nicht in Worte fassen kann, und am Ende höre ich eine Stimme deutlich in meinem Kopf sagen: »Der Weg ist frei.«

Voller Mut verlasse ich die Massagepraxis. Der Weg ist frei! Nachmittags, auf dem Weg zur Bank, denke ich an die Botschaft, die ich gestern erhalten habe. »Ich will, daß du in dieses Messer läufst ...« Es ist seltsam: Plötzlich kann ich die Situation so, wie sie ist, annehmen, kann akzeptieren, was immer kommen mag. »Sei Liebe, sei eins!« Frieden hat sich in mir ausgebreitet. Was auch immer geschieht: Ich bin eins. Es ist in Ordnung.

Ich überlege, was ich der Bank sagen soll. Ich werde wohl einfach um einen Monat Aufschub für die Kreditrate bitten. Plötzlich streift mich ein ungeheuerlicher Gedanke. Wie eigentlich denke ich nur an die Rate für die Bank? Drückt mich nicht das Problem der rückständigen Mieten viel mehr? Warum nicht die Bank bitten, sie für mich zu bezahlen? Ich stehe zwar schon seit längerem mit meiner Bank so, daß es völlig unmöglich ist, auch nur einen Pfennig von ihr zu bekommen. Heute aber ist irgendetwas grundlegend verändert. Der Weg ist frei für eine Bereinigung der Situation. Ich werde also Kredit für drei Mieten und eine Kreditrate verlangen.

Dann fällt mir auf, daß das noch nicht der ganzen Wahrheit meiner Situation entspricht. Es sind noch etliche Rechnungen zu bezahlen. Ich erhöhe den Betrag, den ich zu verlangen gedenke, entsprechend. Es ist tollkühn. Aber es reicht immer noch nicht. Denn tatsächlich brauche ich auch Geld fürs Leben. Das rechne ich dazu. Schließlich habe ich die Summe ermittelt, die mir wirklich fehlt.

Angesichts meines Schuldenberges und der weitgehenden Abwesenheit von Einkünften würde keine Bank der Welt mir diese Summe leihen. Aber heute ist das anders. Ich habe etwas begriffen. Während des gesamten Weges, den ich zurücklege, bis hin zum Betreten des Bankgebäudes bin ich mir zutiefst der Tatsache inne, daß das Ich mit dem großen »I« und das mit dem kleinen eins sind. Es gibt keine Grenzen. Es gibt keinen Grund, warum das große Ich dem kleinen nicht verschaffen sollte, was es braucht. So bitte ich im Geist darum, daß meine Bank dem Vorschlag, den ich ausgearbeitet habe, zustimmen möge. Da mir aber klar ist, daß das große Ich trotz aller Einheit mehr weiß als ich, füge ich hinzu: »Wenn du aber etwas Besseres weißt, dann gib mir dieses Bessere!«

Es weiß etwas Besseres. Der zuständige Sachbearbeiter macht mir von sich aus einen Vorschlag, der für mich weitaus günstiger ist als mein eigener Entwurf. Man greift mir gründlich unter die Arme.

Noch am selben Tag kommt unverhofft ein neuer Auftrag und neues Geld.

Januar. Zum ersten Mal seit langer Zeit kann ich wieder frei meditieren, losgelöst von allen ›Sorgen der Welt‹. Endlich! Im Zuge der Meditation schreibe ich auf:

81

Hebe dein Herz
himmelan,
hoch und höher
hebe dich her
zu Mir.
Ich warte auf dich.
Von Augenblick zu Augenblick,
von Ewigkeit zu Ewigkeit.
Hebe! Hebe! Hebe dich!
Laß unten, was schwer ist,
laß unten, was träge, was trüb ist,
was eng ist und bedrückt.
Hebe dich, hebe dich!
Warte nicht auf Mich,
hebe dich zu Mir!

Glanz über Glanz,
Glorie über Glorie,
Jubel über Jubel –
erhebe dich! Siehe! Höre! Wisse!

Stille übe
und Ehrfurcht.
Andacht übe
und Demut.
Jubel erhebt sich aus Andacht.
Glanz erstrahlt aus Demut.
Beuge, beuge dich.
Hebe dich, hebe
dein Herz
zu Mir.

Etwas später kommen noch folgende Worte:

> *Nähre in Gedanken*
> *Liebe und Verehrung.*
> *Verehre Mich in allem.*
> *Im Meister und im Hund,*
> *im Baum und im Grashalm.*
> *Im Sturm*
> *und im lauen Frühlingswind.*

»Wie kann ich das tun?« frage ich.

> *Wende dich zu*
> *in Demut.*
> *Allem und allen.*

Mitte Februar. Während der Morgenmeditation denke ich an einen Freund, der sich auf einem anderen Kontinent befindet und in Not ist. Er ist schon seit Monaten fort, und ich habe keine Ahnung, ob und wann er zurückkommt. Die innere Stimme diktiert mir eine Botschaft für ihn. Ich notiere sie, ohne zu wissen, wie ich sie ihm übermitteln soll (ich weiß nicht, wo er sich aufhält). Ich gebe den Wortlaut wider, weil er sehr inspirierend ist und für manchen Leser hilfreich sein kann.

> *Schaue nicht nach rechts und nach links,*
> *schaue nur auf Mich.*
> *Heile. Heile in Mir.*
> *Nur Ich bin Hilfe und Heilung*
> *und Schutz.*
> *Wende die Not,*
> *schaue auf Mich.*

Laß die Schilde fallen,
leg die Waffen zur Seite,
öffne dich Mir.
Nicht morgen, nicht anderswo:
Jetzt gleich und hier
öffne dich Mir.
Laß die Strahlen Meines Lächelns
aufgehen am Horizont deines Lebens
wie die Sonne am Morgen eines neuen Tages.
Bade, wärme dich, heile dich
darin.
Schaue auf Mich,
baue auf Mich,
traue dich:
Alles ist dein.
An meiner Hand
wage. Erwache!
Der Morgen bricht an.

Eine Woche später steht dieser Freund vor der Tür, und ich kann ihm den Text übergeben.

Ende Februar. Ein Besuch kündigt sich an, der schwierig zu werden verspricht. Ich bin verunsichert und ängstlich und bekomme diese Botschaft:

Verwickle dich nicht.
Bleib einfach.
Bleib du selbst.
Nichts ist schwierig.
Alles **ist.**
Bleib einfach,
bleib du,

ruhe in Mir.
Jederzeit leuchte Ich dir.
Niemals bist du allein.
Ruhe in Mir,
und alles ist einfach.
Komme stets
und mit allem zu Mir.
Fürchte nichts.
Was du fürchtest,
bist du.
Gibt es Grund, dich zu fürchten
vor dir selbst?
Mach dir dich selbst zum Freund;
und alles, was dir drohte,
wird Freund.

Anfang März. Der Besuch ist angekommen. Es ist ein Freund, der psychisch in schlechter Verfassung ist und ständig von bösen Menschen und bösen Handlungen spricht. Obendrein habe ich heute mit jemandem telefoniert, der sehr wütend ist, seine Wut aber hinter freundlichen Worten versteckt. Plötzlich ist viel ›Böses‹ und ›Schlechtes‹ da. Ich fühle mich irgendwie beschmutzt.

Ich ziehe mich zurück und meditiere. Ich frage: Wie kann ich mich reinigen?

Halte dich stets bereit.
Ich *komme von allen Seiten,*
einmal von hier,
einmal von dort.

Was bedeutet das in dieser Situation?

Was immer kommt,
erinnere dich:
Das bin ich.
Du erinnerst dich nur,
wenn du dich bereithältst.
Das ist wahre Wachsamkeit.

Ja. Ich weiß das eigentlich. Aber ich vergesse es immer wieder. Wie kann ich es üben?

Erinnere dich stets:
Das bin ich.
Schau dich um,
erinnere dich:
Das bin ich.
Wem auch immer du in die Augen schaust,
erinnere dich:
Das bin ich.

Und wenn ich dort Schmutz finde und böse Gedanken und häßliche Urteile über andere? Bist das auch du?

Sieh tief in die Augen,
höre genau hin
und entdecke auf dem Grunde der Worte,
hinter den Gedanken
und in der Schwingung der Stimme
Mich.
Das bin Ich.
Dann wird Unreines rein,
und Böses weicht.
Siehe nur Mich,

wohin du auch schaust:
nichts als Ich.

Aber ich fühle mich verletzt von all dem Bösen und habe das Bedürfnis, mich in dich zurückzuziehen!

Mein Tempel
ist im Innern
und im Äußeren.
Innen wie außen findest du Häßliches,
und nur wenn du tiefer schaust,
stößt du auf Mich. ·

Ein paar Tage später. Der Besucher ist abgereist. Ich wende mich wieder meiner Arbeit und den sonstigen Dingen des Lebens zu. Ich mache mir Vorwürfe, weil ich nicht genügend arbeite. Ich fühle mich unwohl, latent wütend. Das Geldproblem hat mich auch wieder eingeholt. Die Langmut der Bank erweist sich doch als begrenzt: ich stehe wieder mal vor dem finanziellen Nichts. Es erschüttert mich nicht; mein Vertrauen muß schon recht groß sein. Aber ich setze mich an den Altar und frage, was zu tun ist. Die Antwort überrascht mich:

Ruhe, ruhe.
Nie gönnst du dir Ruhe.
Ruhe, dann tue.
Immer geschäftig,
immer lärmend,
selbst in Mußestunden zu laut,
um zu hören.
Höre!

Ich arbeite zwar zu wenig, aber richtige Muße gönne ich mir auch nicht. Es ist auch schwer, zu ruhen, wenn man ständig darüber nachdenkt, wie man Geld beschaffen soll. Wen ich mich ausruhe, dann konsumiere ich etwas, was mich ablenkt; Lektüre, Fernsehen. Selbst in der Meditation bin ich zur Zeit hyperaktiv. Aber ausruhen?? Wo ich doch ohnehin zu wenig arbeite?

> *Ruhe, ruhe und ruhe.*
> *Tue nur, wenn zu tun ist.*
> *Ansonsten ruhe.*
> *In Leere und Stille*
> *ist das Wirken Mir leicht.*
> *In Lärm und Betriebsamkeit*
> *ist nicht genug Platz für Mich.*
> *Verstehst du?*
> *Schweig und horche.*
> *Aber horche nicht tuend,*
> *horche ruhend.*

Das soll bedeuten: nicht aktiv und angespannt lauschen, sondern passiv und entspannt. Mir fällt noch eine Frage ein, die mich beschäftigt. Ich habe gerade ein sehr hübsches Kinderbuch gelesen, das Anweisungen zum (echten) Zaubern enthält: zum Beispiel, wie man äußere Umstände mit einfachen geistigen Mitteln verändert, wie man anderen gute Energie schickt und dergleichen. Ratschläge, die so einfach und einleuchtend sind, daß ich sie gleich selbst ausprobiert habe. Ich frage: hat mein kleiner Zauber gewirkt?

> ***Du** kannst nicht zaubern!*
> *Wie willst du zaubern*
> *ohne Meine Zauberkraft?*
> ***Mein** ist die Kraft.*

Ja, ich war ganz im kleinen ich befangen und obendrein recht schlapp, als ich den Zauber ausprobierte. »Was kann ich tun«, frage ich, »um deine Kraft nutzen zu können?«

> *Laß das Zaubern!*
> *Vertraue.*
> *Vertrauen ist dein Zauber.*
> *Laß Mich zaubern.*
> *Mein Zauber*
> *ist vollkommen.*

Sechstes Kapitel

Der Kampf um Befreiung. Geld oder Gott? Ich treffe eine Entscheidung und bekomme ein Gebet

Mitte März. Ich lese meine Aufzeichnungen. Wieder einmal packt mich Zweifel an der Gültigkeit der »Sprüche«. handelt es sich um Dichtung oder Wahrheit? Blitzschnell meldet sich eine Antwort, die ich sogleich notiere:

> *Wahrheit*
> *bin Ich.*
> *Wagst du, zu fragen?*
> *Sei!*
> *Und du weißt.*

Die Wahrheit kann man nicht erfahren, man kann sie nur sein. Die seltenen Momente, in denen ich tatsächlich »war« und »wußte«, waren genau die Augenblicke, in denen ich in der Lage war, meine Realität zu verändern, ähnlich wie ein Zauberer oder wie der luzide Träumer, der im Traum weiß, daß er träumt, und daher seinen Traum gestalten kann, wie er will, solange der luzide Zustand anhält.

Nicht immer jedoch in solchen Augenblicken verspürte ich überhaupt den Wunsch, meine Realität zu verändern. Ich »wußte«, und deshalb befand ich mich im Bewußtsein der Vollkommenheit. Manchmal nutzte ich die Chance, um handfeste Veränderungen einzuleiten, und immer mit Erfolg. Andere Male wiederum profitierte ich von diesem Zustand erhöhten Bewußtseins und damit erhöhter

Macht, um einem Menschen, der es brauchen konnte, Licht zu schicken. Oft aber begnügte ich mich einfach damit, zu sein.

Aber wehe, wenn ich in den alltäglichen Bewußtseinszustand zurückgerutscht war, wie es unweigerlich immer wieder geschah! Dann fragte ich mich natürlich, warum um alles in der Welt ich mir, wenn ich schon zaubern konnte, nicht ein paar Millionen Mark herbeigezaubert hatte; oder wenigstens einige zehntausend als heilende Finanzspritze. Wieder voll identifiziert mit meiner Person, ohnmächtig angesichts eines Schicksals, von dem ich zwar schon wußte, daß ich es selbst geschaffen hatte, aber nicht, wie ich es ändern konnte, kam ich zu dem Schluß, daß mir einfach die Kraft und die Disziplin fehlten, um das, was ich mir wünschte, zu verwirklichen.

Heute sehe ich das anders. Erstens ging es bei dem ganzen Prozeß nicht um das, was sich vordergründig abspielte, sondern um die Werte, Qualitäten, Erkenntnisse, die sich durch den Prozeß entfalten konnten; zweitens gab es noch einige Hindernisse in meiner Psyche, die es zu entdecken und zu überwinden galt (wovon ich später berichten werde); drittens fehlte es mir keineswegs an Kraft oder an Disziplin, im Gegenteil, es gehörte enorm viel Kraft und Disziplin dazu, eine derart schwierige und ungewisse Situation so lange vertrauensvoll durchzustehen, anstatt einfach zu kapitulieren und ins Angestelltendasein zurückzukehren. Woran es mir mangelte, war Geduld. Transformation geschieht zwar in einem einzigen Augenblick, aber sie braucht Zeit, manchmal viel Zeit, um sich auf allen Ebenen zu verwirklichen, sozusagen in Fleisch und Blut überzugehen. So jedenfalls ist es üblicherweise. (Vielleicht gibt es Ausnahmen.) Mir kommt es oft so vor, als liefe die Sache rückwärts: Erst kommt die Erleuchtung, und dann folgt der bisweilen mühsame und langwierige Prozeß, der zu ihr führt.

Später im März. Letztes Jahr, als ich die Schwarze Madonna in Altötting besuchte, erhielt ich dort die Inspiration »Gott statt Geld«. heute nun ist mir in der Morgenmediation aufgegangen, daß dieser

Satz weit mehr bedeutet, als ich damals angenommen habe. Damals verstand ich es ungefähr so: Arbeite nicht für Geld, sondern für Gott; und betrachte nicht Geld als die Quelle deiner Versorgung, sondern Gott. Ich habe mich bei der Arbeit oft daran erinnert, und dann war das Arbeiten sehr schön. Und natürlich kam dann auch Geld.

Heute aber stellt sich »Gott statt Geld« mir anders dar: Habe ich nicht die ganze Zeit über versucht, Gottesbewußtsein zu erlangen, um das Geldproblem zu lösen? Das ist natürlich völlig falschherum! Sondern: Das Geldproblem soll mir dazu dienen, Gottesbewußtsein zu erlangen!

Diese Erkenntnis ist zugleich eine Entscheidung, die ich treffe, und ich bin sehr froh darüber und fühle mich befreit.

Trotzdem: Nur wenige Stunden später sitze ich wieder am Altar und frage um Rat wegen der Finanzen. Ich habe keine Zeit, mich um Geld zu kümmern, denn ich habe zuviel zu tun; aber nichts ist in Sicht, was Geld bringt. Das Monatsende steht bevor. So frage ich (mal wieder!), ob die alte Empfehlung, mich nicht um Geld zu kümmern, immer noch gilt, oder ob es besser ist, einfach arbeiten zu gehen. Und das ist die Antwort:

Sei frei,
sei rein!

Frei wovon? Und was heißt rein?

Frei, zu handeln,
frei, zu denken.
Du bist frei.
Das ist es, was fehlt:
Du weißt nicht, wie frei du bist.

Bitte erkläre!! Wie hängt das mit der Geldfrage zusammen?

> *Frei von Vergangenheit,*
> *frei von Schuld.*
> *Frei von Begrenzung,*
> *frei von Gewicht.*
> *Frei! Sei frei.*
> *Handle frei,*
> *denke frei.*

Wie kann ich frei handeln, wenn ich unter dem Zwang der finanziellen Verpflichtungen stehe?

> *Gefangen! Du glaubst dich gefangen.*
> *Gefangen, gehangen!*
> *Irrtum!*
> *Erkenne die Freiheit!*
> *Sei frei!*
> *Handle frei!*
> *Denke frei!*
> *Sprich: ›Es sei frei‹!*
> *Nicht handle*
> *in den Grenzen,*
> *die »die Welt« dir steckt.*
> *Handle frei!*
> *Die Grenzen **sind** nicht!*
> *Es gibt sie nicht!*
> *Schöpfe aus dem Vollen!*
> *Schöpfe aus der Unendlichkeit, der Ewigkeit!*
> *Schöpfe aus Mir!*

Heißt das, die physische Welt leugnen?

Nicht leugnen,
sondern richtig erkennen!
*Sie ist **Mein** Spiel!*
Mein Spiel ist dein Spiel.
Spiele! Sei frei!

Ich habe es schon oft versucht. Habe auch versucht, Geld zu bestellen, aber ich glaube, es hat nie richtig funktioniert. Warum?

Gefangen!
Gefangen, gehangen!
Sieh dich frei.
Das ist das Geheimnis.
Es ist ein offenes Geheimnis,
doch niemand sieht es.
Um Brötchen zu backen,
kleine oder große,
brauchst du Teig.
Teig kommt aus Korn.
Korn wächst aus Mir.
Aus dir wächst kein Korn,
so sehr du dich auch bemühst.
Korn
kommt von Mir.
Aus dem Korn machst du Teig,
aus dem Teig bäckst du Brötchen.

Aber ich wende mich doch ständig an dich um Geld!

Dein Gebet ist nicht frei.
Es trägt schweres Gewicht.

Was bedeutet »Gewicht«?

Dein Gebet trägt
Schranken und Grenzen
bis zu Mir herauf.
Es trägt Schuld,
es trägt Gesetze.
Ich *kenne nicht Schuld, nicht Gesetze,*
nicht Grenzen, nicht Schranken.
Ich bin frei.
vor Mir hat nur Bestand,
was Mir gleich ist.
Alles andere verschwindet
vor Meinen Augen ins Nichts,
wohin es gehört.
Befreie dein Gebet,
und alles wird erfüllt! Alles!
Nicht ein Körnchen weniger bekommst du,
als du verlangst,
aber um vieles mehr!
Befreie dein Gebet!

Oh ja, meine Gebete tragen schweres Gewicht, ich sehe es mit
Schrecken. Zum Beispiel: Darf man überhaupt um Geld bitten? Wo
doch andere sich redlich abplagen, um ihre paar Mark zu verdienen? Und wieder andere überhaupt verhungern? Oder: Steht mir
das überhaupt zu? Verdiene ich es? bin ich nicht viel zu schlecht
und zu schuldig? Und: Ist es überhaupt technisch möglich, daß
große Summen vom Himmel fallen? Wie soll das denn gehen? Und
so fort. Gewicht, Gewicht ...

Ich frage: Darf ich denn überhaupt um Geld bitten?

Ja, aber bete in Freiheit
und in Wahrheit!
Bete jetzt.
Ich lehre dich beten.

Ich bitte um alles, was ich so dringend brauche; Geld vor allem. Geld zum Leben und Geld, um meine Schulden zu bezahlen. Der Himmel schickt mir ein besseres Gebet. Ich muß es aufschreiben und dann dreimal laut sprechen:

Oh Herr,
der du der Herr der Welt
und der Herr des Himmels bist:
Gib mir, was ich verlange.
Mich dürstet nach deiner Liebe
und nach deiner Vergebung.
Gib sie mir, ich bitte dich.
Vergib mir alle Schuld
jetzt und immerdar,
und erfülle mich mit deiner Liebe.
Ich bitte dich,
laß deine Liebe und Vergebung
mein Leben füllen bis zum Rand,
alle Mängel auffüllen,
alle Wunden heilen
und alle Schatten vertreiben.
Herr, vergib mir.
Herr, sei mit mir.
Herr, erfülle mich mit deiner Liebe
und deiner Gnade
jetzt und für immer. Amen.

In der Nacht nach dieser Durchgabe kann ich nicht schlafen, was sehr ärgerlich ist, denn am nächsten Tag habe ich einen wichtigen Termin. Am Morgen jedoch wird mir klar, wie kostbar diese schlaflose Nacht war. Eine Erkenntnis ist in dieser Nacht über mich hereingebrochen, die mir das Gebet mit einem Schlag verständlich gemacht hat; dieses seltsame Gebet, in dem ich statt um Geld fürs Leben und für die Ablösung der Schulden um Liebe und Vergebung beten sollte. In dieser Nacht habe ich begriffen, daß Gott **wirklich** alles ist; beziehungsweise daß **wirklich** alles eins ist. Deshalb gibt es in Wirklichkeit keine äußere Welt. Sondern alles ist sozusagen ein inneres Drama. Und damit ist schon klar, was mir in Wirklichkeit fehlt. Geld, um meine Schulden zu bezahlen: Was sind Schulden? Schulden sind Schuld. Was Schuld braucht, um getilgt zu werden, ist Vergebung. Geld für den Lebensunterhalt sprich Versorgung: Was ist Versorgung? Versorgung ist Liebe. Liebe versorgt das Geliebte mit allem, was es braucht. Nicht an Geld fehlt es mir also in Wirklichkeit, sondern an Vergebung und an Liebe. Deshalb habe ich dieses Gebet bekommen.

* * *

Ich wende mein neues Gebet oft an. Es fällt mir zwar schwer, vorformulierte Worte zu beten, aber ich versuche, sie mir immer wieder lebendig zu machen. Drei Tage, nachdem ich das Gebet erhalten habe, wird es auch erhört, wenigstens was die Liebe betrifft. Aber ganz anders, als ich es mir vorgestellt habe. Mit einem Schlag werde ich in einen Zustand allumfassender Liebe getaucht, der einige Zeit andauert. Eine Liebe, die alles und jeden einschließt und mich befähigt, allem und jedem entsprechend seinen Bedürfnissen gerecht zu werden.

Leider hält es nur einige Stunden an. Von diesem Moment des Vorgeschmacks bis zu dem Tag, an dem es sich auch in den verborgensten Winkeln meiner Psyche herumgesprochen hat, daß Liebe und nichts als Liebe der Ur- und Hintergrund der Existenz ist, liegt noch ein weiter Weg vor mir.

Ende März. Ich habe keine Lust mehr, diesen finanziellen Seiltanz zu tanzen und jeden Monat aufs Neue überlegen zu müssen, woher das Geld kommen soll. Mir kommt die Idee, einen Halbtagsjob in meinem Stadtviertel zu suchen. Einen ganz kleinen Job, etwas, wo ich zu Fuß hingehen kann, was nicht viel Zeit und nicht viel Kraft verschlingt. Das würde mich doch wohl kaum allzusehr vom »Wesentlichen« abbringen, dem ich mich widmen soll – oder?

Ich gehe in mich. Ich schreibe auf:

> *Handle im Vertrauen,*
> *fraglos.*
> *Nicht auf die Wege kommt es an,*
> *auf das Gehen.*
> ***Ich** gehe.*
> *Wohin auch immer:*
> *Überall Ich.*
> *Vertraue! Handle! Sei schnell!*
> *Frage nicht mehr.*
> *Ich bin bei dir,*
> *immer und überall.*
> *Ich segne alle deine Schritte*
> *und wache über dir.*
> *Kein Übel kann dich treffen.*
> *Entscheide schnell und frei,*
> *und handle im Vertrauen.*
> *Alles ist gut –*
> *alles bin Ich.*

Ich entscheide frei nach Herz: Kein Halbtagsjob. Er hätte ohnehin nicht einmal die festen Kosten eingebracht. Ich widme mich weiterhin meiner Arbeit-die-im-Augenblick-kein-Geld-bringt, abgesehen von einem Artikel, den ich für eine Zeitschrift schreibe.

Und ein kleines Wunder geschieht. Anfang des Monats hatte ich spielerisch eine Summe festgesetzt, die ich in diesem Monat verdienen wollte. Ich hatte mir einfach gesagt: »Ich werde diesen Monat soundsoviel Mark verdienen« und das solange wiederholt, bis es glaubwürdig klang. Jetzt, kurz vor Monatesende, stelle ich fest, daß genau diese Summe zusammengekommen ist! Teilweise auf recht seltsamen Wegen. Jemand hat mir einen Betrag zurückgegeben, den ich ihm geliehen (und längst verlorengeglaubt) hatte; jemand hat mir etwas geschenkt; kleine Beträge sind hier und da eingegangen, eine Erstattung, das Honorar für den Artikel. Die Gesamtsumme entspricht genau dem, was ich festgesetzt hatte!

Heute, mehr als drei Jahre später, kann ich bei der Sichtung dieser Notizen nicht umhin, mich zu fragen, wieso ich diese ja offenbar hochwirksame Technik damals nicht weiterhin angewandt habe. Anscheinend ging es mir da wie vielen anderen; man hat festgestellt, daß kaum jemand die Arbeit mit Affirmationen und positivem Denken über lange Zeit hinweg durchhält.

Steckt dahinter nur Trägheit? Oder liegt es daran, daß es im Leben um etwas ganz anderes geht, als man denkt? Ich glaube, es ist beides.

Anfang April. Zur Zeit befinde ich mich in einer Langfristübung, die ich den »Weg durch die Wüste der Wahrheit« genannt habe. Sie besteht darin, für eine bestimmte, festgesetzte Zeit, beispielsweise vier Wochen, immer und unter allen Umständen der ›Wahrheit des Augenblicks‹, sprich der inneren Stimme zu folgen, ganz gleich, was der Verstand dazu sagt. Das ist natürlich schon, seit ich auf diesem Weg bin, die Übung schlechthin, aber wenn man den »Weg durch die Wüste der Wahrheit« geht, macht man sie in verschärfter, weil gnadenlos strenger Form. Zur Zeit besteht die

Wahrheit des Augenblicks darin, daß ich mich ausruhe, wenn auch der Verstand Sturm dagegen läuft. (Arbeiten! Geld verdienen! Die Dinge vorantreiben!)

Viel Zeit verbringe ich im Sessel, nichts tuend, noch nicht einmal lesend; ich gehe spazieren; ich schaue dem Bach beim Fließen zu. Ich schlafe viel. Frieden breitet sich aus in meinem Gemüt. Es ist wunderbar. Ich denke nicht im geringsten an Geld (obwohl nach wie vor keines da ist). Es scheint mir alles vollkommen gefügt zu sein.

Nach einigen Tagen solch radikaler Muße packt mich ganz von selbst gewaltiger Aktivitätsdrang, und ich gehe mit verdoppelter Kraft an meine Arbeit: nehme die medialen Gruppensitzungen wieder auf, trainiere meine Stimme, notiere Lieder, probe, erledige die allfällige Schreibtischarbeit.

Mitte April. Was das Geld betrifft, so bewahrheitet sich das Versprechen aus den höheren Welten, daß es keine Katastrophe gibt. Irgendwie geht es immer. Aber es ist zäh.

Morgenmeditation: Die ›Sorgen der Welt‹ nagen an mir. Es ist schwer, sich aus ihnen zu erheben. Da kommt eine Botschaft:

> *Wecke mein Herz*
> *in dir.*

Schweigen. Ich versuche zu verstehen. Wie kann ich dein Herz in mir wecken?

> *Indem du lobpreist.*
> *Alles, was ist, ist Fest für mich*
> *und Fest für dich.*
>
> *Beginne jetzt gleich.*
> *Warte nicht.*

Lobpreise.
Sei nicht verstrickt –
sei voll Staunen.
Lobpreise!
Du bist nicht gebunden,
du bist frei.
Du kannst alles bestaunen
in Freiheit
oder alles bejammern
in Fesseln.
Du bist frei! Wähle.

Tatsächlich löst sich sofort etwas in mir, und plötzlich bin ich voll Staunen. Einen Augenblick lang koste ich vollkommene Freiheit, die grundsätzliche Freiheit der Seele. In diesem Bewußtsein weiß ich: Es ist gleichgültig, was ich tue und was ich beschließe: Gott ist überall, wohin ich auch gehe. Dazu kommt eine Anmerkung:

Aber sei nicht leichtfertig!
Wähle in Freiheit
den guten Weg.

Ende April. Wo liegt der »gute Weg«? Irgendwie haben sich falsche Prioritäten in mein Leben eingeschlichen. Fast meine ganze Zeit geht momentan für notwendigen Kleinkram drauf – Bürokratie, Telefonate, Haushalt, Hund ausführen –, und für Kreatives bleibt kaum Zeit. Wie konnte das passieren! Bin unzufrieden. Erschwerend kommt hinzu, daß ich den Eindruck habe, alles bereits erworbene Wissen und Vertrauen wieder verloren zu haben.

Niedergeschlagen sitze ich am Altar und denke: Okay, ich kapituliere. Ich übergebe dir diesen ganzen Schlamassel. Mach **du** das Beste daraus.

Auf diesen Geldanken folgt eine erstaunliche Botschaft. Sie rückt mir alles wieder ins rechte Licht.

> *Legst du Zeugnis ab*
> *von Mir,*
> *so laß das Zeugnis*
> *lebendig sein.*
> *Worte sind kein Zeugnis*
> *Sein ist Zeugnis.*
> *Sei.*
> *Dann folgen Worte.*

Ich verstehe, daß ich mich wieder zur Höhe meiner selbst aufschwingen muß, und fange sofort damit an. Ich nehme meine geistigen Übungen wieder auf, bringe den Körper in Schwung, arbeite an psychischen Blockaden und hinderlichen geistigen Programmierungen und mache dabei viele nützliche Entdeckungen. Auch erkenne ich jetzt, was ich in meiner Niedergeschlagenheit nicht sehen konnte: Ich befinde mich zur Zeit in einer Phase der Verwirklichung, sozusagen der Erdung. Jetzt geht es nicht um Höhenflüge des Geistes, sondern darum, die auf diesen gewonnenen Ideale und Erkenntnisse in der Praxis des Lebens zu verwirklichen. Was umgekehrt auch bedeutet, bei jedem Plan, jeder Entscheidung und jeder Handlung der hohen Ideale und Erkenntnisse zu gedenken.

Nicht lange, und ich fühle, daß ich wieder ›Anschluß‹ habe.

Anfang Mai. Botschaft in der Morgenmeditation:

> *Höre, höre, höre.*
> *Immer wieder.*
> *Höre, lausche.*
> *Werde ein Hörer.*

Werde still
in Mir.
So kann Ich lauter werden
in dir.

Sei, sei, sei.
Widme dich dem Sein,
widme dich ganz.
Gib dich hin.
Was du wünschst,
mußt du selber sein!
Hörst du?
Das ist das Geheimnis.
Was du wünschst,
das sei.

Das ist ein großartiger Schlüssel, und ich begreife und akzeptiere ihn sofort. Nur was das Geld betrifft, weiß ich nicht, wie ich ihn anwenden kann. Wie kann ich Geld sein?

Nicht Geld sei –
Reichtum sei,
reich sei,
Reichheit sei.
Verstehst du?
Wer reich ist, leidet keinen Mangel.
Denke nicht Mangel,
sprich nicht Mangel.
Reich bist du in Mir,
Meine Tochter,
überreich.
Sei!

Und es wird.
Das ist das Geheimnis.

Das ganz große Geheimnis. Ich erkenne es. Es ist mir sogar zutiefst
vertraut, aber ich habe es bisher nie ins Bewußtsein geholt.

Eines aber ist mir nicht klar: Wenn ich das, was ich mir wünsche, selber sein muß, dann kann ich mir ja keine konkreten Dinge
wünschen wie etwa ein Haus auf dem Land (ich kann ja schlecht
ein Haus sein), sondern stattdessen nur die Qualitäten, um derent-
willen ich mir dieses Haus wünsche; zum Beispiel Gesundheit, Le-
bensfreude, Frieden ...

> *Aus diesen*
> *baue ich Mein Haus.*
> *Mein Haus ist ewig.*
> *Deines zerfällt.*
> *Baue mit Mir*
> *an Meinem Haus*
> *und wohne darin*
> *auf ewig,*
> *geborgen*
> *und frei.*
> *Sei!*
> *Und es wird.*
> *Das ist das Geheimnis.*
>
> *Noch teile es nicht!*
> *Erst handle,*
> *lerne*
> *und sei.*
> *Dann erst teile.*

Letzteres ist ein wichtiger Hinweis, der für alle spirituellen Erkenntnisse gilt. Wenn man sie ausplaudert, bevor man sie realisiert hat oder sie wenigstens Wurzel fassen konnten, haben nicht nur die Worte keine Überzeugungskraft, sondern man selber verliert etwas von der Energie, die man durch die Begeisterung der Erkenntnis gewonnen hatte und zu ihrer Verwirklichung nutzen könnte. An dieser Stelle bezieht sich der Hinweis auf die Tatsache, daß ich gern meine neuesten Erkenntnisse und Botschaften meinen Freunden mitteile, damit sie auch von ihnen profitieren können.

Teile Meinen Reichtum
mit Mir.
Teile nicht den Mangel
des Schattengottes.
Reich bist du in Mir,
Meine Tochter.
Überreich.
Gesegnet.
Segne! Sei!
Dann teile.

In den nächsten Tagen arbeite ich viel mit diesen neuen Erkenntnissen. »Denke nicht Mangel, sprich nicht Mangel ...« In der Tat, ich entdecke die Gewohnheit, ständig von Geldmangel zu sprechen. »Das kann ich nicht, dafür habe ich kein Geld ...« Durch Reden und Gedanken verstärke ich immerfort den Mangel. Aber wie kann es anders gehen? Wenn jemand fragt, ob ich zu einer Veranstaltung mitkomme, könnte ich, anstatt zu sagen »Ich habe kein Geld«, erst einmal prüfen, ob ich die Veranstaltung gern besuchen würde; wenn ja, könnte ich sagen »Ja, gern, ich will sehen, wie sich das machen läßt« und die Sache einplanen und das erforderliche Geld vertrauensvoll bestellen.

Es ist nicht leicht, Reichtum zu verspüren, ja zu sein, wenn an allen Ecken der Mangel sitzt. Wieder und wieder erinnere ich mich daran, daß das, was wir für Realität halten, in Wirklichkeit so etwas ist wie eine Projektion des Geistes: Projektion der eigenen Gedanken, Überzeugungen und damit verbundenen Gefühlsmuster.

Ich beginne, das Gefühl völligen Versorgtseins in mir zu pflegen und zu stärken. Während einer Meditation stelle ich mir diesen wunderbaren Zustand lebhaft vor. Dabei mache ich eine seltsame Entdeckung: Ich stoße auf Angst. Angst, diesen Zustand nicht zu verdienen! Deshalb traue ich mich nicht, ihn zu erbitten. Kaum habe ich das herausgefunden, höre ich in meinem Innern die leise Stimme der göttlichen Mutter sagen: »Törichtes Kind!«

Einen Tag später. Zeit für einen kreativen Neubeginn. Vieles ist abgeschlossen – neue Bücher, neue Lieder –; zu Hause zu sitzen und auf die Früchte meiner Arbeit zu warten, ist wenig sinnvoll, denn es ist noch lange nicht Erntezeit. Ich muß schleunigst etwas Neues anfangen. Aber was?

Nach der Morgenmeditation setze ich mich an die Schreibmaschine, um meine geistigen Helfer zu befragen. Es ist eine Technik medialen Empfangs von Botschaften aus höheren Dimensionen des Bewußtseins, die ich äußerst selten anwende; nur, wenn ich nicht weiter weiß und detaillierte, konkrete Ratschläge brauche. Die Botschaft, die die in diesem Buch geschilderte Geschichte ausgelöst hat, ist auf diese Weise zustandegekommen (»Tue nichts, absolut nichts des Geldes wegen; tue nur, was dir am Herzen liegt ...«).

Ich tippe also meine Frage: »Gilt immer noch die alte Empfehlung, nur das zu tun, was mir am Herzen liegt, und mich nicht um Geld zu kümmern? Es sind große Summen zu bezahlen, und von irgendetwas leben muß ich auch. Kann ich angesichts meiner Lage immer noch unbeirrt denselben Kurs verfolgen? Muß ich mich nicht doch einmal nach einem Job umsehen?«

Die Antwort läßt nicht auf sich warten: »Gehe nicht nach dem äußeren Anschein! Du selbst bist die Quelle von Reichtum oder Armut. Du weißt es schon aus Erfahrung: Wann immer du das begreifst, geschehen Wunder. Nur um dieses Begreifen geht es im Augenblick. Es geht nicht um Rechnungen. Keine Angst, es wird keine Katastrophen geben. Wir brauchen dich. Wir brauchen dein Verstehen. Arbeite daran, als wäre es die wichtigste Sache der Welt. Das ist es, worum es jetzt geht. Begreife! Verstehe! Erwache! Das ist die Chance, die dir jetzt geboten wird.« Ich verstehe. Aber mein Verstehen reicht nicht tief genug, um mich mit dieser Antwort zu begnügen. Ich schreibe: »Ich fühle mich aber abgeschnitten von all dem Reichtum, der ich angeblich sein soll! Ich brauche Hilfe!«

»Nur keine Angst. Du kannst immer bis zum Äußersten gehen. Wage alles! Und alles ist dein.«

Ich werde wütend. »Was heißt das?« hämmere ich in die Tasten. »Ich will endlich mal konkret wissen, was ich tun soll. Hört auf mit den Sprüchen! Sagt mir lieber, was ich tun soll! Ihr habt mich auf diesen Weg gebracht, also müßt ihr mir auch weiterhelfen!«

Die Antwort ist freundlich und klar. »Wir verstehen deine Aufregung. Investiere all deine Liebe und all deine Energie in alles, was du im jeweiligen Augenblick tust. Befreie dich ein- für allemal von der Vorstellung, Versorgung sei mit Arbeit gekoppelt. Der Zustand der Versorgung entspringt dem natürlichen Bewußtsein von Versorgtheit. Versorgung entspringt dem Vertrauen. Werde ein Kind! Das ganze Universum ist deine Mutter.«

Das ist der springende Punkt. Das ist es, worum es in dieser ganzen Angelegenheit geht. Ich weiß es. Ich spüre es. Aber ich verstehe noch nicht ganz: »Heißt das, daß es gleichgültig ist, was ich tue? Und ob es Geld bringt oder nicht?«

»Es heißt: Ein- für allemal laß die Sorgen der Welt hinter dir. Ein- für allemal widme dich dem von ganzem Herzen, was dir am Herzen liegt. Nicht Geld sei dein Motiv, wenn du arbeitest, sondern Liebe. Geld wird kommen!«

Ich bin gleichzeitig erleichtert und voller Zweifel. Ich beginne etwas tiefer zu verstehen als bisher; trotz allem, was ich bereits begriffen hatte, habe ich all mein Tun in letzter Zeit von Sorgen überschatten, ja sogar bestimmen lassen. Aber mich packt auch Unsicherheit. Phantasiere ich vielleicht nur an der Schreibmaschine herum? »Wer spricht da eigentlich?«, frage ich.

»Deine Brüder und Schwestern jenseits des Eisernen Vorhangs, den du errichtet hast. Im Ernst: Wir sind Helfer. Wir stehen bereit, um zu helfen. Bei allem, was dir am Herzen liegt, helfen wir. Wir brauchen dich. Wir brauchen deine Erkenntnis. Das ist es, worum es geht in dieser Situation. Verstehe! Gib nicht auf! Dringe durch bis zum Letzten! Es ist die Chance deines Lebens. Dann lehre.«

Ich weiß und fühle, daß das durch und durch wahr ist. Aber ich habe dennoch Angst. Wie gern hätte ich einen Beweis in Händen für die Gültigkeit dieser Aussagen! In meinem Innern höre ich die Aufforderung: »Ziehe eine Karte.« Ich wähle eine Karte aus meinem Tarotdeck. In ihrem Kommentar steht: »Die geistige Realität beherrscht die physische in jeder kleinsten Angelegenheit.« Wenn das keine Bestätigung ist! Und doch: Ich will richtige Beweise! Wie sonst soll ich es fertigbringen, weiter diesen verrückten Kurs zu verfolgen, bei all dem Geld, das ich brauche? Ich will einen Beweis, daß nicht Fantasie dahintersteckt, sondern Wahrheit ...

Auf diese Gedanken folgt eine donnernde Botschaft des Höheren Selbst.

Du suchst Wahrheit?
Allerhöchste Wahrheit?
Stelle dich auf die Zehenspitzen!
Wie willst du allerhöchste Wahrheit finden,
wenn du den Kopf hängen läßt?
Wahrheit kannst du nur finden,
indem du Wahrheit bist.

Wage! Wage es!
Gib nicht auf!
Um Himmels willen,
gibt jetzt nicht auf!
Du hast es fast geschafft!
Legionen von Helfern stehen dir zu Seite
und warten darauf,
daß du endlich verstehst.
Sei! Sei! Sei!
Sei Wahrheit! Sei frei!
Verschwende keine Gedanken mehr
an die Gesetze der Schattenwelt.
Begreife! Begreife! Sei!
Die Wahrheit macht dich frei.

Das sei dein Job,
deine Arbeit,
dein Gelderwerb:
Verstehe! Begreife! Sei!
Die Wahrheit macht dich frei!

»Oh Gott«, seufze ich, »führt mich dieser verrückte Kurs nicht in den Schuldturm?«

Schuldtürme gibt es nicht!
Da bin nur ich!
Begreife endlich!
Sei frei!
So viele brauchen dich,
warten auf deine helfende Hand.
Wie willst du helfen können,
wenn du selber nicht glaubst?

Solange du nicht wissen kannst,
Glaube.
Glaube an mich:
Glaube an Gott.
Ich bin der,
den du suchst.
Suche! Suche unablässig!
Suche nicht Geld,
suche mich!

Ganz schwach erhebt sich der Einwand: Aber ich brauche doch Geld. Der Vermieter ...

Der Vermieter bin ich!

Tags darauf. Das hat gewirkt!

Bei einem Spaziergang überkommt mich ein nie gekanntes Gefühl von Freiheit. Plötzlich bin ich in eine höhere Perspektive hineinkatapultiert worden, und es ist wie ein Rausch: Dieses Leben gehört mir! Es steht mir zur Verfügung, und ich bin frei, damit zu tun, was ich will! Ich fühle die Ekstase des Am-Kanal-Spazierengehens, des In-einem-Körper-Seins, des Mein-Leben-Begehens, völlig frei von den Zwängen der Welt. Endlich in aller Freiheit das tun können, was mir am Herzen liegt!

Gott lächelt mir zu.

Endlich kommt wieder Schwung und Begeisterung in mein Leben. Ich rufe Redaktionen an, stoße auf viel Interesse mit den Themen, die ich ihnen vorschlage, neue Menschen sprechen mich an ... Erfolg und Geld in Sicht, die Arbeit macht wieder Freude.

Ich übe auch weiter mit dem Thema »vollkommenes Versorgtsein« und achte auf dabei auftretende innere Widerstände. Als erstes meldet sich dieser: Wieso soll mir das Geld in den Schoß fallen?

Was ist mit all den Armen, den Hungernden und denen, die sich ab-strampeln wie verrückt, um überleben zu können? Um mich an die Wahrheit zu erinnern, schlage ich die Bibel auf und lese die Sache mit den Lilien auf dem Felde. Und ich mache mir von neuem klar, daß ich nur wirksam helfen kann, wenn ich meine eigene Not be-hoben habe, und zwar die alles verursachende des Gemüts, und dann das Rezept weiterreiche.

Ein andermal, als ich mit dem Gefühl des Versorgtseins arbeite, entdecke ich auf dem Grunde meiner selbst einen gewaltigen Hun-ger. Erlebe mich als Baby von der Mutter verlassen (sie starb). Spü-re, daß es dieser Hunger, dieser brennende Mangel ist, der dem Ge-fühl von Versorgtsein im Wege steht. Ich atme tief und ruhig und las-se mich von mütterlichem Mitgefühl und Liebe füllen bis zum Rand.

In einer späteren Kontemplation verfolge ich diesen Faden wei-ter. Dabei fällt mir auf, daß ich Schwierigkeiten habe, etwas zu nehmen, ohne zu meinen, dafür etwas geben zu müssen. Ich suche und finde die göttliche Mutter. Werde von ihr umarmt und ganz umfangen. Fühle zum erstenmal, wie es ist, nehmen, nehmen, neh-men zu dürfen, ohne dafür geben zu müssen. Gleichzeitig erkenne ich, daß ich auch lernen muß, zu geben, ohne dafür etwas nehmen zu wollen.

Wie ein kleines Kind überantworte ich all meine Sorgen der Mutter. Gegen Ende der Sitzung fühle ich mich zum Telefon geru-fen, ohne es läuten zu hören (es ist weit entfernt). Ich laufe hin. Tatsächlich klingelt es gerade, um mir eine gute Nachricht zu über-mitteln: Ein interessanter Auftrag mit gutem Honorar.

Ich wußte nicht, daß Geld so glücklich machen kann.

Zwei Tage später. Wieder in den brodelnden Topf der Sorgen gefallen. Da erreicht mich diese Nachricht von oben:

> *Wenn die Welt*
> *voller Sorgen ist und voller Gram,*

so trage Ich mit
an dem Gram und der Sorge.
Wirf Gram und Sorge ab, Kind,
erleichtere Mir die Bürde.

Ich bin,
und Ich bin immer neu,
von Ewigkeit zu Ewigkeit,
und nichts ist außer Mir.

Wirf die Sorgen der Welt ab
und den Gram
und tanze.
Sei frei für Mich.
Tanze für Mich.
Singe für Mich.
Lache mit Mir.
Grübele nicht und verstricke dich nicht
im Seemannsgarn deiner Gedanken.
Ist es so schlimm,
was Ich dir bereite?

Höre, Kind, höre.
Durch alles und alles
streift Mein Atem,
bringt Frucht und Blüte
aus allem hervor,
bringt Frieden.
Höre und höre.
Hinter dem Wind,
hinter dem Vogelgesang:
Mein Atem.

»Und was ist mit dem Lärm des Hubschraubers?« Über meinem Kopf kreist gerade einer.

Mein Atem
trägt ihn.

Ich lausche, ich höre, ich fühle, ich weiß – und werde still.
Aber nicht für lange.

Siebtes Kapitel

Die Entdeckung des Mangels. Ein schwarzes Loch kommt zum Vorschein: der Mangel in der Tiefe. Und Liebe rettet wieder einmal die Situation

Ende Mai. Während einer Meditation entdecke ich in der Mitte meines Energiefeldes ein gewaltiges schwarzes Loch. Bei näherer Betrachtung dieses Loches, das irgendwie mit Hunger nach Liebe und Nahrung verbunden ist, entdecke ich eine Überzeugung, die ich schon mein Leben lang hege, ohne das aber je bemerkt zu haben. Sie lautet sinngemäß: »Ich bin nicht in der Lage, mich selbst zu lieben« sprich zu ernähren, denn es ist offenbar eine Überzeugung aus der Säuglingszeit, während derer Liebe und Nahrung eins waren.

Ich fühle, daß ich diesen negativen Zustand gleich bearbeiten, nicht versuchen darf, ihn zu verändern; daß ich ihn erst gründlich anschauen und seine Realität bewußt erleben und annehmen muß.

Während ich das tue, füllt sich das Loch von selbst, und der Mangel verschwindet.

Am nächsten Tag gehe ich zur Massage, die ich kostenlos erhalte. Während der Behandlung werde ich plötzlich gewahr, daß ich mich so fühle, als sei ich sehr häßlich. Warum? Ich entdecke die Überzeugung, es sei häßlich und egoistisch, etwas zu nehmen (die geschenkte Massage). Noch eine lebensbehindernde Überzeugung!

Da haben also mein Leben lang zwei unvereinbare Glaubenssätze auf dem Grunde meines Denkens ihr Unwesen getrieben: »Ich kann mich nicht selbst ernähren« und »Ich darf nichts annehmen«. Ein Wunder, daß ich noch nicht verhungert bin.

Ich erzähle das alles, weil ich weiß, daß viele Menschen sich mit ähnlichen negativen Grundüberzeugungen herumplagen. Das sind Gedanken, die das Grundmuster unserer höchstpersönlichen Realität formen! Sie zu entdecken, erfordert eine neugierig-neutrale Beobachtung des eigenen Denkens und Fühlens (das vor allem auch mitten in schwierigen Situationen praktiziert werden sollte). Mit der Entdeckung eines negativen Glaubenssatzes ist schon der erste Schritt zu seiner Entkräftung getan; man weiß jetzt, daß es sich nicht um Realität handelt, sondern nur um eine Meinung, die man sich früher einmal über die Realität gebildet hat. Den zweiten Schritt – das Annehmen der diesen Glaubenssatz begleitenden emotionalen Realität – habe ich soeben an einem Beispiel geschildert. Erst an dritter Stelle kann es sinnvoll sein, den negativen Glaubenssatz durch einen positiven zu ersetzen – allerdings nur, wenn dieser einer selbst gewonnenen Erkenntnis entspringt.

Anfang Juni. Ich arbeite recht fleißig an meinen psychologischen Selbstbeobachtungen, fördere noch Etliches zutage und bin ein wenig stolz darauf.

Die folgende Botschaft reißt mich mit einem Ruck aus der archäologischen Arbeit heraus.

Sorgen um Sorgen
wälzest du in Meinem Kosmos
herum.
Lache! Erwache!
Ich bin.
Fehlt dir Gewißheit,
vertraue,
prüfe.
Bin ich?
Prüfe. Horche. Höre genau hin.
Dein Leben ist Mein.
In jedem Augenblick.

> *Mein!*
> *Warum überläßt du es nicht*
> *Mir?*

Gern, sage ich. Aber wie geht das? Ich muß doch Entscheidungen treffen. Zum Beispiel will ich aufs Land ziehen, und ich bin nicht sicher, ob der Zeitpunkt dafür geeignet ist. Zumal auch kein Geld für den Umzug vorhanden ist.

> *Weihe, weihe*
> *dein Leben Mir.*
> *Nicht fragen,*
> *wagen!*
> *Es ist Mein!*

Heißt das in diesem konkreten Fall: Einfach aufs Land ziehen, ohne Sorgen um die Konsequenzen? Und das Geld?

> *Frage dein Herz.*
> *Will es gehen, so geh,*
> *und geh mit Mir.*
> *Will es bleiben, so bleibe,*
> *und bleibe mit Mir.*
> *Wie du auch entscheidest:*
> *Nimm Mich mit,*
> *und alles wird gut.*
> *Prüfe!*

Das soll bedeuten: ›Stelle mich auf die Probe‹. Ich wende ein: »Ich prüfe und wage schon seit geraumer Zeit, und jetzt habe ich überhaupt kein Geld mehr. Was mache ich falsch?«

Gefangen!
Du bist gefangen
im Kreis der Gedanken!

Meinst du damit die Glaubenssätze, die ich ausgegraben habe?

Alles Spuk!
Lug!
Trug!
Neue Formen
in der Schattenwelt!
Alte Schatten,
neue Schatten:
Sie weichen dem Licht.
Wirf Licht,
und die Schattenformen vergehen.

Was bedeutet das: Licht werfen?

Lache!
Erwache!

»So hilf mir doch, zu erwachen! Ich fühle mich gefangen.« Darauf folgt keine Fortsetzung des Diktats; aber ein Gedanke taucht auf, und dieser Gedanke ist die Zauberformel:

Ich bin,
und nichts ist außer Mir.

Ich trage diesen Satz in den darauffolgenden Tagen mit mir herum wie einen geheimen Satz.

Zu »Spuk! Lug! Trug!« muß ich noch anmerken: Ich habe im

Laufe der Zeit noch einiges an einengenden Glaubenssätzen zutage-gefördert, Schicht um Schicht, denn ich war noch lange nicht auf Grund gestoßen. Deshalb hielt sich auch die Schuldensituation so hartnäckig. Jede Entdeckung einer bis dato unbewußten, ein-schränkenden Überzeugung brachte Befreiung und in der Folge auch Fortschritt in der äußeren Situation. »Spuk! Trug!« bedeutet nicht, daß man darauf verzichten soll, sich mit verdrängten Über-zeugungen zu beschäftigen; sondern es bezieht sich auf die Über-zeugungen selbst. Sie sind es, die »Spuk, Lug und Trug« sind. Indem ich eine falsche Grundüberzeugung erkenne, erwache ich aus dem Irrtum, der ihr zugrundeliegt, und damit auch aus dem Alptraum, den sie erschaffen hat. Solange sie unerkannt bleibt, wirkt sie wei-ter im Verborgenen; die erfahrenen Erleuchtungen können noch so großartig sein, sie können nicht Fuß fassen, weil etwas Bockiges ih-nen aus der Unterwelt entgegenwirkt.

Deshalb heißt es »Wirf Licht, und die Schattenformen vergehen«.

Drei Tage später. Beruflich tut sich viel. Vorschläge, die ich unterbreitet habe, werden angenommen, andere abgelehnt, Manus-kripte gehen hinaus, andere kommen zurück. Das nächste Honorar kann allerdings, realistisch betrachtet, frühestens in drei Wochen kommen; genau in drei Wochen muß ich aber eine Summe, die die-ses Honorar um ein Vielfaches übersteigt, an die Bank zahlen. Mein Besitz beläuft sich auf zehn Mark. Die Telefonrechnung schreit nach Bezahlung.

Mir scheint, da ist mal wieder ein Dialog mit den höheren Sphären fällig, und zwar an der Schreibmaschine. Ich rufe mein höheres Selbst und meine geistigen Helfer und tippe meine Fragen: »Ich segle immer noch brav auf dem von euch vorgeschlagenen Kurs, und jetzt weiß ich nicht weiter. Kein Geld da, und der Zah-lungstermin steht bevor. Was tun?«

Antwort: »Deine Idee des Geldmangels ...«

Empört unterbreche ich: »Idee?«

»Geldmangel ist eine Idee. In Wirklichkeit gibt es weder Geld noch Mangel.«

»Bitte habt Erbarmen und verschont mich mit solchen Sprüchen. Die Miete von diesem Monat ist noch nicht bezahlt, ein Gerichtsvollzieher ist wegen der anderen Rechnung im Anmarsch, und Ende des Monats ist eine große Zahlung fällig. Und das soll eine Idee sein?«

»Mangel ist eine Idee, die aus Vergleichen entsteht. (Geduld!) Vergleiche nicht, sei. Tue, was du kannst, und tue es in Wahrheit und Liebe. Gib das Vergleichen auf. Wahrheit kennt keinen Vergleich. Nur **sein**.«

»Und davon kommt Geld?«

»Geduld. Stelle dich in den Dienst, mit aller Kraft. Mit aller dir zur Verfügung stehenden Kraft widme dich dem, was jeweils gerade von dir verlangt wird. Wenn du Ruhe brauchst, ruhe. Erschöpfe dich nicht ständig im Geist. Achte auf deine Gedanken. Sie kreisen um Erschöpfung und Mangel. Beruhige die Gedanken, ruhe in Gott. **Er** ist die einzige Wirklichkeit.«

»Aber die Geldsummen ...!«

»Je mehr du dich auf den Mangel fixierst, desto größer wird er. Wage es! Wage es, dich von dem Mangel zu lösen, auch wenn er noch so brennend zu sein scheint! Bedenke: Geldmangel ist nur eine sekundäre Wirklichkeit. Primäre Realität ist immer das, was im Geist vorgeht. Was in deinem Kopf kreist, sind Geldanken an Mangel. Wage es, dich von ihnen zu lösen. Stelle dich um auf einen anderen Konzentrationsgegenstand. Es ist nicht genug, dich nur auf das Gegenteil zu konzentrieren, nämlich Fülle; dabei läuft der Mangel als Schatten immer mit. Löse deine Gedanken von dem Themenkreis Geld und Geldmangel. Richte sie auf ein anderes Thema. Verstehst du denn nicht: Deine Situation hat sich deshalb so zugespitzt, weil dein Denken sich so zugespitzt hat! Es kreist um die Vorstellung eines unlösbaren Geldproblems. Deine Wirklichkeit ist nichts als Spiegelung deiner Gedanken. Richte deine Gedanken beharrlich auf das, was du im jeweiligen Augenblick tust, und auf das, was du zu geben hast. Du hast unendlich viel zu geben. Nur auf diese Weise kannst du realisieren, daß du Fülle bist, und nur auf diese Weise kommt materieller Reichtum in dein Leben.«

Ich verzagt: »Ich glaube es ja. Aber ich brauche etwas, das mir Kraft gibt und woran ich mich halten kann. SOS!«

Hierauf meldet sich mein Höheres Selbst zu Wort. Trost, Wärme und Ruhe breiten sich aus.

> *Wo auch immer du dich bewegst,*
> *du hängst an Meinem Rockzipfel.*
> *Niemals, niemals*
> *lasse Ich dich los.*
> ***Ich bin***
> ***Gegenwart,***
> ***Einzige Gegenwart.***
> ***Ruhe in Mir,***
> ***Tue mit Mir***
> ***Schritt für Schritt,***
> ***und alles wird gut.***

Ich fühle mich getröstet. Frieden ist um mich, den ich dankbar in mich hineinsauge. Es hilft mir sehr. Aber ich bin auch des Mangels in meinen Gedanken gewahr, und ich bin noch nicht in der Lage, mich von ihm zu lösen. Reflektieren nicht meine Gedanken nur die Wirklichkeit? Schließlich ist ja tatsächlich kein Geld da. Oh könnte ich doch wirklich begreifen, was ich weiß: daß es nämlich umgekehrt ist, daß die Wirklichkeit die Gedanken reflektiert ... Oder reflektieren sie einander? Unendlich? Bis wir erwachen?

Noch jedenfalls reflektiert mein Denken Mangel, und der Mangel reflektiert mein Denken.

Juni. Ein paar Tage später kommt unaufgefordert ein Kommentar zu meinen Überlegungen in Sachen Mangel.

Mangel leiden
ist ein Mangelleiden
deines Denkens.
Entferne Mangelgedanken,
und der Mangel weicht
der Wahrheit.
Wahrheit ist
Vollkommenheit.

Der Gedanke an Mangel ist schwer zu entfernen angesichts meiner Situation!

Leide nicht Mangel,
lebe.
Leben ist Fülle
in jedem Augenblick.
Wage es!
Sei!
Sei frei.

Mitte Juni. Aus heiterem Himmel erreicht mich diese Botschaft:

Klang bist du
In meinem Herzen.
Nicht Mißklang sei –
Einklang!

Ich kann sie nicht einordnen, auch wenn sie mir grundsätzlich einleuchtet. Erst eine Woche später verstehe ich, was konkret gemeint war.

Ich mache eine gräßliche Entdeckung. Ich sehe mit den geistigen Augen in meinem Nacken ein Monster sitzen; ein gewaltiges Monster aus Schulden, Angst und Verzweiflung. Ein medial begabter Freund sieht es ebenfalls. Er rät mir, nicht innezuhalten, nicht ins Grübeln zu geraten, mich nicht umzuschauen, sondern die Flucht nach vorn anzutreten und mich unbesorgt in meine Aktivitäten zu stürzen.

In die gleiche Kerbe schlägt eine Botschaft, die ich erhalte, eine herrliche, befreiende, eine der schönsten, die ich je bekommen habe. Sie schlägt ein wie ein Blitz.

Lebe! Lebe! Lebe!
Nicht webe
am Gespinst der
Ich-kann-nicht-ich-will-nicht-Gedanken.
Nicht schwanken,
nicht kleben,
leben!!!
Lebe wie Feuer!
Brenne!
Das Feuer bist du,
nicht der Scheit!
Lebe wie der Wind –
geschwind!
Nichte stehe –
wehe!
Fühlst du Langeweile –
eile!
Spiele! Lebe! Spiele!
Ich spiele mit dir.
Setze Ziele!
Setze sie Mir.

Glaubst du,
Ich *kann?*
Oder glaubst du,
Ich *kann nicht?*
Spiele.
Spiele nicht um Gewinn,
spiele nicht um Sinn,
spiele um **Mich!**
Ich **bin.**
Wer wagt, gewinnt – Mich.
Wer nicht wagt, verliert –
sich und Mich.

Lebe! Lebe! Lebe!
Nicht webe
Gedanken um Gedanken.
Lebe! Strebe! Bebe!
Brenne! Wehe!
Rausche! Stürze! Springe! Falle!
Sei!
Sterne sind deine Begleiter.

Äonen
leben, beben,
singen, klingen
in dir.
Spürst du sie? Hörst du sie?
Dein Fleisch ist Musik,
dein Leben Gesang.
Tanze! Tanze für Mich!
Sei frei!
Ich bitte dich.

Ende Juni. In zwei Tagen ist es soweit: Die große Zahlung ist fällig. Es ist sonnenklar, daß ich Aufschub brauche. Aber Aufschub wurde von vornherein ausgeschlossen. Was tun? Beten. Meditieren. Ich erhalte eine seltsame Botschaft:

> *Liebe, Liebe,*
> *Liebe schütte aus.*
> *Halte sie nicht fest in deinem ängstlichen Herzen,*
> *schütte sie aus.*

Was um alles in der Welt, frage ich, hat das mit der fälligen Zahlung zu tun?

> *Nicht Geld sieh,*
> *Liebe sieh.*
> *Gibst du Liebe?*
> *Liebe dein Leben.*
> *Liebe ist es. Wage, es zu umarmen.*
> *Mit allem, was darinnen ist.*
> *Sei Liebe,*
> *sei eins.*
> *Erinnerst du dich?*

Ja, ich erinnere mich. Jetzt weiß ich es wieder: Alles, was mir geschieht, gehört zu mir, ich brauche nichts zu fürchten. Frieden erfüllt mich. Ich schreibe einen Brief an meine Bank, und zwar in diesem Zustand des Friedens, der Liebe, und im Bewußtsein der Einheit. Ich schreibe einfach die Wahrheit, schildere die Lage so, wie sie ist, und stelle keinerlei Besserung in Aussicht. Ich bitte um Aufschub.

Die Bank entspricht meiner Bitte ohne jeden Einwand.

Juli. Nicht daß nun meine finanzielle Situation grundlegend bereinigt wäre; aber die unmittelbare Gefahr ist mal wieder gebannt, fürs Überleben ist gesorgt. Und, mehr noch: Die erhaltenen Lehren wirken nach; ein gewisser Grad an innerer Freiheit ist vorhanden und dauert an.

Wie jeden Sommer ziehe ich mich für einige Wochen in die Berge zurück, um zu meditieren. Ich lasse die Welt hinter mir, vergesse die Geldsorgen, vergesse auch die Botschaften, die ich erhalten habe (die »Sprüche«), und widme mich spirituellen Übungen. Gegen Ende meines Retreats wende ich mich wieder der Welt, die mich zuhause erwartet, und ihren Problemen zu, und beleuchte sie im Lichte neugewonnener Erkenntnisse. Wenn man von einem hohen Berg aus ins Tal hinunterschaut, hat man einen weitaus größeren Überblick, als wenn man sich mitten im Tal befindet. Die Schwierigkeit besteht nur darin, den Überblick auch nach dem Wiedereintauchen in die Talatmosphäre zu behalten.

August. Zurück aus den Bergen, wieder hinabgestiegen in die Welt. Noch bin ich frei und friedvoll, alles, was vor dem Retreat war, gehört der fernen Vergangenheit an, auch die »Sprüche«. Doch überraschend meldet sich eines Morgens nach der Meditation eine Botschaft, die aufgeschrieben werden will. Sie geht offenbar auf die Tatsache ein, daß ich etwas wehmütig an die hohe Zeit der Meditation in den Bergen zurückdenke.

Denke nicht,
Ich sei fern.
Nichts ist fern,
nichts ist nah.
Alles ist da.
Du umfaßt es
mit einer Hand.
Die andere ist frei.

Achtes Kapitel

Die dunkle Nacht. Kapitulation und Wende. Ich falle der Verzweiflung anheim und ergebe mich

Ende September. Das Licht der alpinen Erleuchtung ist wieder verblaßt, die Sorgen der Welt haben mich wieder eingeholt, und diesmal drücken sie mich völlig nieder, ohne daß ich sagen könnte, warum. Die »Sprüche« habe ich seltsamerweise aus den Augen verloren, habe auch seit langem nicht mehr daran gedacht, Botschaften von oben zu erbitten. Und plötzlich, ohne erkennbaren Grund, bin ich in einen Zustand tiefster Verzweiflung gefallen. Ich fühle mich wie jemand, der im Dunklen tappt. Es sind nicht nur die Probleme; wie es weitergehen soll mit der finanziellen, häuslichen und beruflichen Situation, die momentan einer Sackgasse ähnelt; es ist mehr. Es ist schiere Verzweiflung. Sie dauert nun schon seit einigen Tagen an.

Heute fühle ich mich besonders träge und schwer. Jammere über die Schwerkraft. Fühle mich wie in einem Sumpf. Rufe nach Gott. Antwort meldet sich, und ich greife zum Stift.

> *Klage nicht!*
> *Du gehst nicht verloren,*
> *auch wenn du im Dunkeln irrst.*
> *Meine Hand führt dich*
> *im Dunkeln*
> *wie im Licht.*
> *Klage nicht.*
> *Schaue nach den Sternen,*

wenn es Nacht ist,
mach dich bereit für Mich
bei Tag und bei Nacht.
Wache!

»Aber wie kann ich meine Schwäche und Trägheit überwinden?«

Klage nicht.
Bei dir bin Ich
im Dunkeln und im Licht.
Ich weiche nie
von deiner Seite –
was du auch tust,
Ich tue es mit dir.
Tue es mit Mir –
und alles ist gut.

»Wenn es Nacht ist ...« Ganz entschieden ist es Nacht in meinem Gemüt. Die Nacht ist pechschwarz, es ist mehr als Verzweiflung. Der Satz »Wenn es Nacht ist« klingt nach in mir – und rückt plötzlich alles zurecht. Natürlich! Es ist Nacht! Und plötzlich, anstatt gegen die Finsternis zu rebellieren, wie ich es sonst tue, nehme ich sie hin. Mir kommt die »dunkel Nacht der Seele« in den Sinn, von der Mystiker sprechen.

Ich fühle die Nacht und lasse sie in mich hineinsinken. Ich akzeptiere sie. Ich entdecke: Sie ist kostbar, und sie gehört mir, ganz allein mir. Und seltsam: Indem ich sie mir zu eigen mache, senkt sich Frieden auf mich, ein Frieden, so tief, wie ich ihn noch nie erlebt habe. So vollständig ist dieser Frieden, daß ich es ganz aufgebe, nach einem Licht im Dunkel zu suchen, nach Auswegen oder Ausblicken. Sogar der flüchtig auftauchende Gedanke, daß auf die Nacht unweigerlich der Tag folgt, ist mir gleichgültig. Jetzt ist es

Nacht, und die Nacht ist mein. Ich fühle mich zutiefst geborgen und befriedet.

Die »dunkel Nacht« dauerte noch einige Tage an. So groß war mein Frieden und so voller Dankbarkeit mein Herz, daß ich meinen Altar, der normalerweise in festlichem Weiß oder in frohen Farben erstrahlt, schwarz verkleidete, um das Erlebnis zu ehren. Ich wußte, wie wichtig es war. Ich hatte gewagt, das Furchtbare hinzunehmen und bewußt zu erleben, anstatt zu versuchen, ihm zu entrinnen.

Was ich noch nicht wußte, war, daß dies ein Wendepunkt war; der Beginn einer neuen Entwicklung.

Anfang Oktober. Großes Durcheinander innen wie außen. Ich habe den Eindruck, daß mein Leben zerrissen ist. Keine neue Aufgabe, dennoch viel zu tun, meine Energie zerstreut sich in alle Richtungen; emotionale Stürme und keine Ahnung, wo's langgeht. Folgende Worte kommen mir während der Meditation in den Sinn:

Maß
Ordnung
Sinn.

Ich betrachte sie eine Weile. Dann folgt eine Erklärung:

Ich bin
das Maß aller Dinge,
Ich bin
der einzige Sinn,
die einzige Ordnung.
Ich bin, der Ich bin.

»Was bedeutet das für mich?« frage ich.

Ich *ordne*

128

Ich füge.
Ich heile.
Ich bin
Sinn.
Suche nicht nach Sinn –
Ich bin.

Irgendetwas tief in mir versteht; aber die Verwirrung und Zerrissenheit bleibt bestehen. Ich beginne, um Heilung zu beten. Ich bete täglich dreimal um Heilung für mein zerrissenes Gemüt und mein zerrissenes Leben.

Mitte Oktober. Noch immer weiß ich nicht, welchen Weg ich einschlagen soll. Das Projekt, das mir am wichtigsten erscheint, nämlich meine Musik, ruht zur Zeit. Ein Buch habe ich gerade fertiggeschrieben. Was soll ich jetzt tun? Wo liegt meine Aufgabe? Und woher soll das Geld fürs Leben kommen?

Ich meditiere und greife zum Stift.

Setze dich hin,
täglich und täglich,
nimm Zuflucht bei Mir.
Schaue nicht nach Resultaten,
schaue nach Mir.
Nur von Mir
kommt Rat,
kommt Hilfe,
kommt Geld.
Nur Ich weise den Weg.

Ich begreife. Ich habe mal wieder mit meinem rationalen Denken den Bereich der mir bekannten Möglichkeiten abgesucht, anstatt einfach Schritt für Schritt der Wahrheit des Augenblicks zu folgen.

Und wieder begebe ich mich auf den »Weg durch die Wüste der Wahrheit« und lasse mich blind führen. Keine Ahnung, wohin.

Ende Oktober. Ich bete. Ein langes, inbrünstiges Gebet. Dann tiefe Stille. Und plötzlich taucht diese Antwort auf mein Gebet auf:

> *Feiere mit Mir!*
> *Das ist **Mein** Gebet.*

Ich fühle, daß dies die letzte Botschaft ist; jedenfalls die letzte dieser Serie. Danach gibt es nichts mehr zu sagen. Jetzt heißt es leben.

Neuntes Kapitel

Morgendämmerung. Wie ich einen Durchbruch von
Erkenntnis erlebe und ein neues Leben beginnt

Anfang November. Einer jener ärgerlichen Zufälle, die sich im nachhinein als Fügungen des Himmels erweisen, hat mich heute daran gehindert, dieses Manuskript an einen Verleger abzuschicken. (Ich dachte, es sei schon abgeschlossen.)

Da es nun noch hier ist, kann ich es auch noch einmal durchlesen. Die hohe Zeit der Botschaften liegt nun (von vereinzelten Nachzüglern abgesehen) schon ein halbes Jahr zurück, und ich habe vieles vergessen.

Zwei Sprüche bleiben mir vor allem im Gedächtnis haften, nachdem ich zu Ende gelesen habe:

> *»Mangel leiden*
> *ist ein Mangelleiden deines Denkens«*

und:

> *»Meine Spielregel lautet:*
> *Vollkommenheit.«*

Nachdenklich mache ich mich auf zu einem langen Spaziergang. Unterwegs fällt es mir plötzlich wie Schuppen von den Augen. Das Soll auf meinem Konto offenbart plötzlich seinen geistigen Hintergrund. Es ist das Soll in meinem Leben! Das unerfüllte Soll! Erlege ich mir nicht ständig irgendein Soll auf, das ich nie erfülle? Und hängt nicht über meinem ganzen Leben ein großes Soll? Nie war das Leben so, wie es meiner Meinung nach hätte sein sollen; nie war ich so, wie ich hätte sein sollen; und nie leistete ich, was ich hätte leisten sollen. Immer mangelte es an etwas. Dabei hat der Mangel, wie ich jetzt entdecke, stets nur in meinem Denken bestanden. In Wahrheit hat es nie an irgendetwas gefehlt! Mit Staunen entdecke ich, daß immer alles vollkommen gewesen ist. Selbst die Fehler, die ich gemacht habe, finde ich heraus, haben irgendwie immer zu vollkommenen Resultaten geführt!

Mir dämmert: Es gibt kein Entrinnen vor der Vollkommenheit.

»Meine Spielregel lautet: Vollkommenheit.«

Da endlich kann ich zutiefst lockerlassen, und ein unglaublicher Friede bemächtigt sich meiner.

Welch eine Entdeckung. Nach Hause zurückgekehrt, mache ich mir Notizen und schreibe das heutige Datum dazu. Es ist der 2.11.1993. Ein großer Tag für mich. Und weil es ein großer Tag ist, schaue ich mir das Datum genauer an. Irgendwie erscheint es mir auffallend. Die Zwei ist nämlich meine Geburtszahl (Quersumme des Geburtsdatums). Ich verstehe weder viel von Zahlenmytik, noch beschäftige ich mich damit; jetzt aber bin ich neugierig geworden. Ich errechne nacheinander die Quersumme der drei Bestandteile des heutigen Datums:

Tag (2)   = Quersumme 2
Monat (11)   = Quersumme 2
Jahr (1993) = Quersumme 22

Helle Aufregung. Viermal meine Geburtszahl! Ich addiere alle Bestandteile, um die Quersumme des gesamten Datums festzustellen: Es ist eine Acht. Und soviel weiß ich immerhin: Acht ist die Zahl der Vollendung und der Vollkommenheit.

Habe ich nicht heute erkannt, daß alles vollkommen ist?

Einige Tage später. Ich sitze im Zug nach Basel, wo ich bei einem Kongreß Vorträge halten und Seminare geben soll. Ich lese in einem Buch von Joseph Murphy. Er berichtet von einem Menschen, der ihn um Rat fragte, weil er 60 000 Dollar verloren hatte. Murphy erklärte dem Mann, er könne nichts verlieren, was er nicht im Geist verloren habe; er riet ihm, den Verlust nicht zu akzeptieren, sondern sich weiterhin mit den 60 000 Dollar zu identifizieren. Der Mann folgte seinem Rat, und siehe: Innerhalb kürzerster Zeit stellte sich der verlorene Betrag durch einen Gewinn wieder ein.

Hier fällt in meinem Hirn ein Groschen.

Meine Schulden! Immer, wenn ich in letzter Zeit »meine Schulden« sagte oder dachte, war mir unbehaglich. Jetzt weiß ich, warum. Ich habe mich durch das Wörtchen »mein« mit ihnen identifiziert. Schluß damit! Ich schulde nichts! Weiter erkenne ich nämlich: Meine Schulden bestehen deshalb, weil sie in meinem Geist bestehen. Und warum bestehen sie in meinem Geist? Ich finde heraus, daß ich mein Leben lang gedacht habe, der Welt für das, was sie mir gegeben hat, etwas schuldig geblieben zu sein. Unfug! Die finanziellen Schulden sind eine Materialisation eines lebenslangen Irrtums, den ich nun endlich außer Kraft gesetzt habe.

Eine Welle von Glück und Erleichterung bricht über mich herein. »Jetzt bin ich neugeboren«, denke ich, als ich aus meinen Meditationen auftauche, und schaue aus dem Zugfenster. Das Schild »Freiburg« schiebt sich in mein Blickfeld. Ein denkwürdiges Omen. Freiburg ist nämlich die Stadt meiner Geburt (in der ich aber nie gelebt habe).

In Basel angekommen, frage ich mich, welches Datum wohl der Tag dieser Neugeburt trägt. Ich schaue am Zeitungsstand nach. Es ist der 11.11. 1993. Ich bin verblüfft. Auf den ersten Blick zu sehen: Die Quersummender drei Teile dieses Datums sind wieder 2, 2 und 22. Wieder viermal meine Geburtszahl! Und wieder die Quersumme acht! Bei diesem Gedanken fällt mein Blick zufällig, wie um dem Ganzen das i-Tüpfelchen aufzusetzen, auf eine Hausnummer acht, die weithin einzige sichtbare Hausnummer in der Basler Gasse, die ich mit meinem Koffer durchwandere.

Am Tag der Rückkehr von dieser Reise zog ich zu Hause in Würdigung der großen geistigen Umwälzungen eine Tarotkarte, und raten Sie, welche Nummer diese Karte trug? Die Acht natürlich.

Hier endet mein Tagebuch.

Damals in Basel, am Tag meiner Neugeburt, begann tatsächlich ein neues Leben. Ich sprach dort zum ersten Mal vor einem großen Publikum; ich entdeckte staunend und dankbar, daß es mir möglich war, mich vor hunderten von Menschen in jenen konzentrierten, entspannten, tranceartigen Zustand zu versetzen, in dem ich Informationen von höheren Ebenen des Bewußtseins übermitteln kann, und das war ein entscheidender Durchbruch. Meine Angst vor der Öffentlichkeit, die mich so lange gelähmt hatte, verschwand; an ihre Stelle trat Begeisterung. Bald kamen Einladungen für weitere Vorträge, Seminare, Fernsehsendungen.

Zehntes Kapitel

Erntezeit. Wie ich die Lehre anwende und ein
Wunder geschieht

Herbst 1994. Ein Jahr ist vergangen seit dem Ende dieses Tagebuchs. In diesem Jahr war ich ziemlich aktiv, habe an meiner Musik gearbeitet, Bücher geschrieben, an Fernsehsendungen teilgenommen und Seminare gegeben. Geld war immer genügend vorhanden, wenn es auch nach wie vor keine regelmäßigen Einkünfte gab, so daß ich nie wußte, wovon ich im nächsten oder übernächsten Monat leben sollte. Aber das beunruhigte mich nicht mehr. Ich hatte gelernt, zu vertrauen. Die Schulden allerdings waren kaum geringer geworden, die Abzahlungsraten gleichbleibend hoch.

Von Zeit zu Zeit wurde es ein wenig brenzlig mit den Finanzen, und dann wurde ich aus meinem Gleichmut aufgeschreckt und studierte eifrig die »Sprüche«, kontemplierte aufs Neue die Zusammenhänge und versuchte, tiefer zu verstehen. Wenn ich verstanden hatte, entspannte ich mich, und die äußere Lage entspannte sich auch.

Nun bin ich an einem Punkt, an dem es sehr brenzlig wird. Die Lage gleicht aufs Haar der Zeit der heranrückenden Katastrophe vor zwei Jahren, nur daß ich diesmal die doppelte Summe aufbringen muß. Ich muß umziehen, was etliche Tausender kostet, und der Bank einen großen Batzen zurückzahlen.

Ich prüfe alle Möglichkeiten, auf normalen äußeren Wegen zu der benötigten Summe zu kommen. Nichts in Sicht. (Wie oft muß ich diese Situation noch erleben?) Ein Hauch der alten Angst steigt

auf. Da wird mir klar, daß ich wieder mit meiner inneren Stimme in Dialog treten muß. Ob es noch funktioniert? Ich nehme Block und Stift und frage: »Was soll ich tun, um diese Summe zu beschaffen?«
Antwort:

*Vollkommenheit **ist**,*
immer,
ob du es siehst oder nicht.
Vollkommenheit handelt, denkt und spricht
durch dich.
Nicht wie du entscheidest ist entscheidend,
sondern daß du deine Entscheidung triffst
aus der Ganzheit deiner selbst heraus,
aus dem Bewußtsein der Fülle,
der Geborgenheit,
aus der Tatsache heraus, daß alles vollkommen
immer und ohne Ausnahme.
Ist das nicht Grund genug,
dich zu entspannen?

Oh ja. Das ist Grund genug. So kann ich jetzt also einfach den Umzug in die Wege leiten, obwohl das dafür notwendige Geld nicht vorhanden ist? Kann ich es wagen, mich einfach von den finanziellen Erwägungen zu lösen und draufloszuhandeln?

Wage! Wage es!
Das ist die große Nagelprobe!
Wann endlich
traust du dich?
Wann endlich bringst du den Mut auf?
Wir warten auf dich!
Sei frei!

Sei endlich frei!
Alles wartet auf dich.
Wieviel Hilfe brauchst du noch?
Wieviele Hinweise?
Wieviele Omen?
Spring endlich ins Leere!
Spring endlich in die Wahrheit
des Augenblicks!
Begreifst du nicht:
Wie immer du handelst,
es ist vollkommen!
Du kannst überhaut nicht fehlgehen!
Vollkommenheit ist überall.
Überall.
Ohne Ausnahme.
Wohin du dich auch drehst und wendest.
Also geh und packe deine Sachen.
Fege deinen Kopf leer.
Es gibt kein Problem.
Es gibt nichts zu fragen.
Wenn die Zeit reif ist, geschieht es.
Das ist alles.
Das ist alles!
Getragen bist du,
begreife endlich,
wo immer du gehst.
Ob du ruhst oder arbeitest,
ob du gehst oder stehst,
ob du zögerst oder handelst,
ob du klagst oder lachst:
Getragen bist du. überall.
*Nicht du handelst, nur **Ich.***

*Du kannst dir über **Mein** Handeln*
sorgenvoll den Kopf zerbrechen
oder es sein lassen.
Geh deiner Wege und vertraue.
Endlich, endlich
ist der neue Morgen da,
endlich, endlich
ist die Nacht gewichen
aus deinem Denken,
aus deinem Fühlen, aus deinem Leben,
endlich, endlich
ist die Frucht gereift.
Nun wage, sie zu pflücken!

Wiederhole die Lehre! Wiederhole sie Mir!
ich will hören, was du begriffen hast.

Ich: »Ich kann nun vertrauensvoll alles loslassen und mich dem Strom meiner Eingebungen und Impulse überlassen. Ich weiß, daß immer alles vollkommen ist und daß ich immer und überall beschützt und getragen bin, wie ich auch handle. Also lasse ich jetzt alle Probleme, Fragen und Sorgen los und überantworte mich dem göttlichen Handeln. Da ohnehin nur Gott handelt, habe ich im Grunde genommen keine Wahl. Ich kann gegen dieses Handeln ankämpfen, darüber nachgrübeln oder mich ihm einfach überlassen. Wann immer Sorgen oder Probleme auftauchen, werde ich mich daran erinnern: Gott handelt, und es ist alles vollkommen. Für alles ist gesorgt, und ich brauche nichts zu tun als das, was gerade ansteht. Wenn etwas nicht ansteht, kann ich es seelenruhig warten und reifen lassen. Richtig so?«

Gut gesprochen. Nun fühle!

Ich gehe in mich und fühle es. Es ist gut. Trotzdem bettele ich: »Bitte gib mir mehr! Gib mir etwas, was mich berührt und verwandelt!«

Ängstliches Herz,
wieviele Krücken brauchst du noch?
Wirf sie fort! Gehe!
Du kannst gehen.
Wirf die Krücken fort.
Klammere dich nicht an Worte.
Klammere dich an nichts.
Gehe! Und gehe fröhlich und getrost.
Mehr ist nicht zu tun.
Feiere mit Mir,
genieße mit Mir,
handle mit Mir,
ruhe mit Mir.
Da ist nichts zu heilen,
nichts zu lösen,
nichts zu fragen, nichts zu begleichen.
Es ist alles getan.
Gehe deiner Wege.
Es ist vollbracht.
Gib gut acht:
Es wird Nacht,
sobald du vergißt.
Es ist Tag,
sobald du dich erinnerst.
Woran erinnerst du dich?

Ich: »An dich!«

Erinnere dich stets und immer
an die Vollkommenheit.
*Das ist, was **Ich** bin: Vollkommenheit.*
Kein Name könnte Mich treffender bezeichnen.
sprich: Es ist vollkommen
immer und überall,
in jeder Hinsicht,
in jedem Winkel.
Sprich.

Und nun gehe und vergiß Mich nicht.

Ein paar Tage später. Überraschend kommt noch eine weitere
Botschaft:

Licht, Licht, Licht,
Licht über Licht für den, der sieht.
Dunkelheit, Finsternis
dem, der die Augen geschlossen hält.
So einfach ist das.
Öffne nur die Augen!
Licht über Licht.
Wandle im Licht.
Wo Licht ist, ist kein Schatten, kein Problem,
kein Zweifel, keine Frage, keine Sorge.
Wo Licht ist, bin Ich,
und du siehst Mich.
Wo kein Licht ist,
hältst du die Augen geschlossen.
Öffne sie. Das ist alles.
Licht über Licht über Licht,
mehr

gibt es nicht.
Wandle im Licht.
Du hast Meine Vollmacht,
zu schaffen, was immer du wünschst,
aus Meinem Licht.
All deine Schöpfungen
sind Mir willkommen.
All deine Wünsche
sind gesegnet. Schaffe!
Was du bestimmst, das sei.
Du bist frei.
Aber traue dich!
Schaffe nicht ängstlich, schaffe freudig!
Schaffe!
Schaffe Bilder aus Meinem Licht.
Geh hin und schaffe!
Freudig und frei!
Sprich: »Es sei!«
und laß die Bilder frei.

So geschieht es. Ich wandle das Gebet um den benötigten Geldbetrag, das ich vor ein paar Tagen zum Himmel gesandt habe, in eine Bestellung um, von der ich mit absoluter Sicherheit weiß, daß sie erfüllt werden muß. Ich versiegele sie, wie mir einst geraten wurde (»bestelle, versiegle und vertraue«). »Versiegeln« bedeutet,wie ich inzwischen gelernt habe: »Dein Wille geschehe.«

Das Ganze ist möglich, weil ich begriffen habe. Meine Intelligenz ist nichts anderes als die Intelligenz des Universums, kristallisiert im Brennpunkt meiner individuellen Perspektive. Und diese Intelligenz ist es, die alles erschafft.

»Es sei!«

Vierzehn Tage später erhielt ich den Anruf einer Person, die den Wunsch äußerte, meine Arbeit zu unterstützen. Die Anruferin sagte, sie hege die Vermutung, daß Geld das Mittel sei, das zu diesem Zweck momentan am besten geeignet sei; ob ich bereit sei, ein Geldgeschenk anzunehmen. Völlig unverbindlich und unpersönlich, meiner Arbeit zuliebe.

Der Betrag, den sie vorschlug, war genau der, den ich bestellt hatte.

Natürlich nahm ich an.

Elftes Kapitel

Die Erlösung. Wie ich meine Schuld entdecke
und Befreiung finde

Frühjahr 1995. Ich wußte es. Während ich an den letzten Seiten dieses Buches arbeitete, war mir klar, daß noch etwas geschehen würde, etwas, das die Geschichte wirklich zum Abschluß bringen würde. Vielleicht ein Lotteriegewinn? So daß ich berichten könnte, daß nun endlich auch meine Schulden getilgt sind?

Sie sind getilgt; aber anders, als ich dachte.

Es begann mit einer Art Nervenzusammenbruch. Eines Abends befiel mich ein unkontrollierbares Zittern und Schütteln, das über eine Stunde lang anhielt. Ein Zusammenbruch, der zu Schwäche, Entspannung und völliger Offenheit führte. In diesen zerbrechlichen Gemütszustand fiel am nächsten Tag ein zwischenmenschliches Mißverständnis, das mich in einen Abgrund von Verzweiflung stürzte. Ich wurde so traurig, daß ich sage und schreibe kaum noch Kraft hatte, mich zu bewegen.

Ich zog mich zurück, um der Sache auf den Grund zu gehen. Während ich, tief und bewußt atmend, meine Gefühle, Gedanken und Körperempfindungen beobachtete, entdeckte ich, verborgen hinter meinem Herzen, still und starr, mein tief verletztes inneres Kind. Es hatte sich totgestellt.

Ich konnte nicht mit ihm sprechen; es hatte keine Sprache. Als Säuglinge denken wir noch nicht in Worten. Ich versuchte, ohne Worte mit ihm zu kommunizieren; es war nicht leicht.

Immerhin war ich froh, es gefunden zu haben.

Aber die Verzweiflung ließ nicht nach und war schwer zu ertragen. Am dritten Tag dieser Trauer raffte ich mich, einer Eingebung folgend, zu einem langen Spaziergang auf.Todtraurig schleppte ich mich durch den Park. Plötzlich wurden Not, Verzweiflung und das Gefühl von Wut und Ohnmacht in mir so stark, daß ich innerlich zum Himmel schrie. Warum gab es kein Entrinnen vor diesen furchtbaren Gefühlen? Warum konnte ich nicht frei sein?

Meine innere Stimme meldete sich – endlich! – zu Wort.

»Du *bist* frei!« sagte sie.

Ich atmete auf und kam zu mir. Natürlich war ich frei! Wer konnte mich zwingen, solche gräßlichen Gefühle zu hegen? Alles Spuk!

Die Kräfte kehrten zurück, der Blick wandte sich wieder nach draußen, staunend entdeckte ich Bäume und Blumen um mich, Hunde, Kinder, Sonne. Ich war geheilt.

Dachte ich. Bis ich kurz darauf in erneute Abgründe stürzte. Wieder zog ich mich zurück, um zu beobachten, was sich in meinem Innern abspielte, und dem Aufruhr auf den Grund zu gehen. Atmen, wahrnehmen, fühlen. Dabei entdeckte ich eine Überzeugung, die tief auf dem Grunde meiner Gedanken mein Leben lang ihr Unwesen getrieben hatte. Sie lautete sinngemäß: »Was ich zum Leben brauche, bekomme ich nur auf Kosten Anderer.« Was für ein erschütternder Glaubenssatz! Mit welchem Jammer er verbunden war! Und er hatte sich wortwörtlich in meinem Leben materialisiert: Seit ich mein Elternhaus verlassen hatte, schleppte ich Schulden mit mir herum; wann immer ich ein Brötchen, ein neues Kleid, ein paar Strümpfe kaufte, bezahlte ich es mit Geld, das anderen gehörte. Da war er, der Wurm an der Wurzel.

Der Tod meiner Mutter kam mir in den Sinn. Und im selben Moment spürte ich, was wortlos, unformuliert und doch groß und schwer in den kindlichen Kern meiner Psyche eingraviert war: Ich habe sie umgebracht. Daß ich lebe, hat sie das Leben gekostet.

Zutiefst begriff ich jetzt, warum ich unbewußt gedacht hatte, ich existiere auf Kosten Anderer, und warum ich so tief verschuldet war. Ich verstand es mit dem Herzen. Ich fühlte es.

Da war sie endlich, meine Schuld! Eingebildet zwar, wie Wohlmeinende sagen werden.(Kinder, deren Eltern früh gestorben sind, neigen dazu, sich für deren Tod verantwortlich zu fühlen.) Aber eingebildet oder nicht. Eine Überzeugung ist eine Realität, solange, bis man ihr Vorhandensein entdeckt und sie als Irrtum erkannt hat.

Ich hatte meine Schuld gefunden. Ich fühlte sie, verstand sie, nahm sie an, wurde eins mit ihr und ließ sie los. Ich war befreit. Adieu, Schuld. Adieu, Schulden. Letzteres ist nur noch eine Frage der Zeit. Der Spuk ist vorbei.

»Wirf Licht! Und die Schattenformen vergehen.«

Das Datum dieser Erlösung übrigens, man ahnt es schon, hat die Quersumme acht.

Zwölftes Kapitel

*Die Realisation. Frei! Wie ich meine Sorgen loswerde,
Vertrauen gewinne und alles ein gutes Ende findet*

September. Einige Monate dauerte es noch, bis ich die zentrale Lehre dieses Intensivkurses endlich realisiert hatte. Realisieren ist etwas anderes als mit dem Verstand erfassen; es heißt, das Erkannte mit Verstand, Gefühl und Körper als Tatsache wahrnehmen und entsprechend handeln. Wenn man sich dieses Unterschiedes nicht bewußt ist, wird man sich beim Lesen derartiger Erfahrungsberichte vom geistigen Weg immer wieder wundern, warum der Erzähler so schwer von Begriff ist. Wo doch die Lehren, um die es geht, so leicht zu verstehen sind! Nur wer sie lebt, weiß, wovon ich rede.

Ein Freund rief an, der mir vor Jahren auf unbestimmte Zeit einen größeren Geldbetrag geliehen hatte. Er sei nun selbst in Schwierigkeiten und brauche das Geld. Ich versprach, die Summe so schnell wie möglich zu beschaffen, und bat mir eine Frist bis November aus. Ich hatte keine Ahnung, wie ich an das Geld kommen sollte; aber ich hatte es versprochen, also mußte es auch klappen. Mein Vertrauen war felsenfest. Ich bestellte die Summe »höheren Ortes« und setzte auf der materiellen Ebene alle Hebel in Bewegung.

Nichts tat sich; keine Möglichkeit, an das Geld zu kommen, ließ sich blicken, auch keine Möglichkeit, es von irgendjemandem zu leihen. Inzwischen war schon November, und mir wurde klar, daß irgendetwas nicht stimmte. Ich setzte mich hin und kontemplierte die Angelegenheit. Sehr schnell fand ich das Hindernis, und zwar in meinem eigenen Geist.

Ich hatte die Leihgabe immer für einen Akt der Freundschaft gehalten; wie dieser Freund mir jedoch kürzlich mitgeteilt hatte, hatte er mir das Geld deshalb geliehen, weil er sich mir gegenüber verpflichtet fühlte. Er gehörte zu jener Gruppe von Freunden, die sich während vieler Jahre regelmäßig traf, um durch mich auf medialem Wege Botschaften des höheren Selbst zu empfangen. Jahrelang hatte ich nicht daran gedacht, für diese Tätigkeit Geld zu verlangen; es war eine Sache der Freundschaft und des gemeinsamen spirituellen Wachstums. Nun jedoch, durch seine Mitteilung, hatten sich meine Leistung als »Channel« und seine Leistung des Geldverleihens in meinem Geist verknüpft, und das Ergebnis war die Frage: Wenn ich dieses Geld als Gegenleistung für meine Arbeit erhalten habe, wieso muß ich es dann zurückzahlen?

Das war die Blockade, die es mir unmöglich machte, die Summe herbeizuziehen.

Ich beschloß, mit diesem Freund zu reden, um die Sache auszuräumen. Zuvor aber ging ich tiefer in mich und fand Verbindung mit meinem höheren Selbst. Da wurde mir klar, daß ich den Zusammenhang Leistung/Gegenleistung in meinem Geist auflösen mußte. Ich mußte meine Leistung wieder als das sehen, was sie immer gewesen war: ein reines, freies Geschenk, etwas, das durch mich gegeben wurde, und zwar ohne den Gedanken »Ich schenke«. Gleichzeitig erkannte ich, daß ich die ganze Geben-gegen-Nehmen-Buchhaltung in meinem gesamten Denken auflösen mußte. Ich tat es, und mit einem Schlag wurde mir bewußt, daß ich von Gott und nur von Gott alles erhalte, was ich brauche, und daß es Gott und nur Gott ist, dem ich gebe, was immer ich zu geben habe.

Deshalb kann ich nach freier Wahl meines Herzens tun und geben, was ich will, unabhängig davon, ob ich dafür etwas bekomme. Denn alle meine Bedürfnisse werden von Gott gestillt!

Es war eine große Befreiung.

»Wann verstehst du endlich, daß Versorgung nicht an Arbeit gekoppelt ist?«

Ich befreite also meine Leistung an diesen Freund von der Notwendigkeit einer Gegenleistung und schenkte ihm die Arbeit, Energie und Zeit, die ich für ihn aufgewandt hatte. Ich beschloß, nicht mit ihm zu sprechen, sondern ihm stillschweigend sein Geld zurückzuzahlen.

Gleichzeitig war ich mit einem Schlag alle Sorgen um meine finanziellen und sonstigen Bedürfnisse los; ich hatte zutiefst begriffen: Ich bin versorgt.

Einen Tag später hatte ich das Geld für meinen Freund und noch ein paar Tausender mehr. Gleichzeitig bekam ich einen Einfall, der mir ein regelmäßiges Einkommen sicherte und ganz und gar dem Weg des Herzens entspricht.

Nachwort und Schlußbotschaft
des Höheren Selbst

Ich betrachte den Weg, den ich zurückgelegt habe, und frage mich: Warum hat es so lange gedauert? Warum konnten die großen Erkenntnisse nicht gleich Fuß fassen? Warum habe ich nicht gleich verstanden? Liegt es an meiner Hartnäckigkeit? Nein, wenn ich mich umschaue, dann stelle ich fest, daß jeder seine spezielle Hartnäckigkeit hat.

Warum dauert es so lange, bis der Groschen fällt? Warum ist es so mühsam?

Ich bitte das Höhere Selbst um ein Schlußwort. Es kommt, und ich verabschiede mich.

Große Worte,
große Momente –
kleine Taten,
Schritt für Schritt.
Das ist der Weg der Erkenntnis.
Jeder Schritt ist Freude,
jede Freude
ist Mein.
Blicke nicht zurück!
Blicke nicht nach vorn!
Ziehst du Fäden aus der Zukunft,
entstehen Sorgen.
Ziehst du Fäden aus der Vergangenheit,

entsteht Kummer.
Kummer und Sorgen,
Sorgen und Kummer:
Hirngespinste,
Spinnweben voll Staub,
darin ist Ersticken.
Zukunft ist Traum.
Vergangenheit ist Traum.
Nur Gegenwart
ist wahrer Raum
ist Mein Raum.

Existiere im Spinngewebe deiner Sorgen
und Kümmernisse, in den Knoten
deiner Kränkungen
atme Staub, ersticke, falle vom Baum.
Aus der Traum.
Brich auf! Atme! Sei frei!
Teile mit Mir
heiligen Raum
jenseits von Traum.
Ich bin Gegenwart.
Alles andere ist Traum.
Erwache!
Und du bist frei!

»Du selbst bist die Quelle von Reichtum und
Armut. Der Zustand von Versorgung entspringt
dem natürlichen Bewußtsein von Versorgtheit,
dem Vertrauen. Das ganze Universum ist
deine Mutter.« Ich befand mich in einer
Zeit des Umbruchs und besaß nichts als hohe
Schulden. Aber die ganze Zeit über hatte ich
einen Sponsor, ohne es zu wissen. Es war
mein eigenes inneres Selbst, das im allerinnersten
eins ist mit jeglichem Selbst. Es begann mir
Botschaften zu diktieren, die mich lehrten
zu vertrauen. »Leide nicht Mangel, lebe.
Leben ist Fülle in jedem Augenblick. Wage es!
Sei frei!«

SAFI NIDIAYE

HEYNE BÜCHER

»natürlich gesund«

Bücher für Körper und Seele

Eine Auswahl aus der Reihe:

Wolf C. Ebner
Akupressur wirkt sofort
Schnelle Hilfe ohne Medikamente bei Krankheiten und Beschwerden
08/5033

Christina Zacker
Die Mond Diät
Schlank und schön im Einklang mit dem Mondjahr
08/5036

Prof. Dr. med. J. Krämer
Bandscheibenschäden
Vorbeugen durch Rückenschule Erweiterte und aktualisierte Neuausgabe
08/5039

Jean Valnet
Aromatherapie
Gesundheit und Wohlbefinden durch pflanzliche Essenzen
08/5041

Dr. med. M. B. Panos
Jane Heimlich
Homöophatische Hausapotheke
Alternative Heilmethoden mit natürlichen Arzneimitteln
08/5042

Christa Muths
Farbtherapie
Mit Farben heilen – der sanfte Weg zur Gesundheit. Farben als Schlüssel zur Seele
08/5045

Christina Zacker
Mondphasen
Der Einfluß des Mondes auf den Lebensrhythmus der Frau
08/5047

Mechthild Scheffer
Selbsthilfe durch Bach-Blüten-Therapie
Blumen, die durch die Seele heilen
08/5048

Heyne-Taschenbücher